芸文庫

現代文読解の根底

高田瑞穂

筑摩書房

目次

現代文読解の根底

本書は一九八二年九月、新塔社より刊行された。

読者へのことば

現代文を本当に正しく理解すること、これが年若き学生・生徒諸君に対する私の唯一不変の念願である。その念願をこめて、現代文の確認のために是非知っておかなくてはならないことを、十二章にまとめた。その十二章は三章ずつ四類に区分されている。

第一類（第一章―第三章）は、国語学習の意義を正しく理解することを、第二類（第四章―第六章）は、ことばの美しさへの開眼を、第三類（第七章―第九章）は、日本近代の特殊性の認識を、そして最後の第四類（第十章―第十二章）は、日本近代文学の展開とその生命とを明示しようとしたものである。

年若き学生・生徒諸君よ、この手帖を一読することによって、何等かの開眼がもたらされること、それが私の願望である。この手帖と、小著『新釈現代文』の読解とによって、現代文理解の道は、ほぼ読者の内に確立するであろう。
最後に一言、この手帖には、幾つか、くりかえしの記述のあることを言っておく。
それは、私が意識的に、一度よりは二度言いたいことを、そのまま記したのである。

第一章　国語学習の重要性

「初めにことばがあった。ことばは神と共にあった。ことばは神であった。(略) すべてのものは、これによってできた。できたもののうち、一つとしてこれによらないものはなかった。このことばに命があった。そしてこの命は人の光であった。光はやみの中に輝いている。そして、やみはこれに勝てなかった。」

これは、『新約聖書』の第四章に相当する「ヨハネによる福音書」の冒頭の一節である。信仰とは別の立場から見ても、このヨハネのことばは、ことばの本質そのものの美しい、そして正しい指示である。「初め」から今日まで、ことばの「この命」は疑いもなく「人の光」にほかならなかった。恐らく未来永劫《えいごう》そうであるにちがいない。

そもそも、人間が、人間以外の一切の生物と自己を分けることの出来た有力な手がかりは、人間がことばを持ったということであった。そして、そういう人間の進歩とは、常にことばの進歩であった。したがって、人間が人間になること、言い換えると人間形成の基盤をなすものは、なによりもことばの習得ということであった。今日においても、その通りである。だからこそ、基礎教育における国語は、どこの国でも、文化水準の高い国であればあるほど、重視されている。この事実を、教える立場からだけではなく、学ぶ立場からも考えてみることとする。

国語という科目は、二つの性格を備えている。一つは、他のすべての科目と並ぶ一分野としての国語科である。もう一つは、他のすべての科目を支える共通基礎科目としての国語科である。第二の点を、特に重視しなければならない。なぜなら、生徒諸君にこのことが十分分っていないと思うからである。

例えば、歴史を学ぶとする。それは、国語を通して学ぶのである。歴史の教科書の表現が読めなかったり、意味が分らなかったりしたら、当然歴史そのものも正しく理解できるはずはない。理科や数学科、特に数学の学習においては、ことばは無用であると考えるのも、必ずしも正しくはない。人間に理性ないし思考能力を与えたものも、ことばだったのだから。「詩人も計算する。」と言ったのは堀辰雄である。

特に言っておきたいのは、外国語学習の場合についてである。一般に英語の学習と、国語の学習とは、全く関係がないと考える人が多いと思う。しかし、外国語もことばである。そして人間は、究極において二つの国語を持つことは不可能である。最近、有名なドイツの文学者シュタイガーの「詩学の基礎概念」の訳書を一読したが、その序文の中で、シュタイガーは次のように告げている。

「私がたとえスラヴ、スカンディナヴィア、さらにヨーロッパ以外の文学にもっと精通していたところで、そこに示されるものは、やはり私の立脚地であろう。私が依然としてドイツ語を母国語とし、ドイツ語の著作を記述することを義務とする人間であることにかわりはない。」

現にチューリッヒ大学でドイツ文学を講じつつあるシュタイガーは、私より二つ年上の、私と同じ国文学者である。だからこそ彼は、外国語を学ぶということは、母国語の立脚地をたしかにすることだ、と言っているのである。

国語学習の意義は、以上で大体分ってもらえると思うが、それに加えて、特に今日という時点におけるその重要性を考えなくてはならない。それは、内的と外的との二つにおいて考えられる。内的というのは、今日の年若い日本人の日本語に対する無理解と無関心とを、このままに放置すべきではないという現実的要求である。

一つの例を示そう。私の接している学生は国文学専攻の青年男女である。少し前、三年のリポートを読んで、次のような表現に出会った。

漱石は悪魔で、自分の考えを貫こうとした。

「悪魔で」――私は考えた。自分の考えを貫こうとするものは「悪魔で」なくてはならないのか。そういう「悪魔」の概念において漱石を考えるとしたら、その前後にも当然この概念は用いられているはずである。しかしこの一句以外に「悪魔」ということばは見当たらない。もしかしたら?――そう考えてその学生を呼んでたずねた。私の想像は当たっていた。その学生は、「飽くまで」という意味を「悪魔で」ということばに与えていたのであった。私は笑った、そして怒った。「こんな調子だと今に、『熱田、熱田、机の上に熱田』などと書くようになるぞ。」と言った。

ことばは、言語の混乱は、当然、思考、認識の混乱につながる。思考、認識の混乱とは、一切の矛盾、不合理が大手をふって通るということである。そういう状態においては、もともと、学問、勉強などという営みは不可能である。

以上の内的理由とともに、是非考えなくてはならないもう一つの外的な問題がある。それは、今日の時勢において、日本語の負うべき対外的使命である。現在の日本は、全体として文化水準の低い、いわゆる後進国の集まりであるアジア地域において、特殊な文化国家である。特に経済的にそうであることは、ジャーナリズムがくわしく報告し続けている。したがって日本は、当然、アジア地域全体の文化向上に力を貸すべきである。それは、アジア征服ということとは、本質的に、全くちがう。日本の文化の力を、無償の行為として近隣の後進国に及ぼし、それぞれの国民的文化を高めるということである。それには、様々な困難と疑惑とがつきまとうであろう。しかし、日本の文化は、アジアの文化の中核として、これを支え、向上さすべきであるという目標には、誤りはないであろう。もし日本の若人たちの内に、この自覚が浸透し得たとすれば、そのことによって、現在の日本の社会の陥っている頽廃《たいはい》現象は、ある程度これを克服することができるにちがいない。これこそが今日最も必要な政治ないし文教政策の一つであると思う。波動を続ける大学問題解決のための、一つの根本的な前提がここにあると私は信じている。大学に学んで、社会に出る。するとそこでは、次第にその力を増しつつある機械的諸圧力におされて、一個の部品となる。せめてもの願いは、小さなエゴイズムの満足であるほかはない。早く車を持ちたい、家を持ちたい……こういう生に対するどうしようもない不満が、今様々な形をとって爆発しつつあるのである。もしそこに、自己を越え、利害を離れた何等かの生の目標があり得たとしたら、情勢はかわると思う。総じて今日の若者たちには、どこにも、明確な献身の対象が無いようである。そういう献身の対象の一つとして、アジア文化の向上を考えたいのである。そしてそのために欠くことの出来ない前提の一つは、日本語をアジアの諸国民が学ぶことである。言いかえると、われわれ日本人は、われわれの国語をアジア諸国の間にもっと普及させなくてはならないのである。現在の日本における英語のように、アジア諸国は第一外国語として日本語を選ぶべきである。そういう日本語への関心も少しずつ高まりつつあるようであるが、現在直ちにそういう状態を生むことは困難であろう。しかし、いつかはそうなるべき将来を考え、われわれ、とりわけ年若い学生・生徒諸君は、今日の日本語を、より正しくより美しい体系に作り上げなくてはならないであろう。そういう国語の正しさ、美しさへの認識と意欲――ここにも国語学習の大きな意義があることを私は信じて疑わないのである。

先にも記した通り、ことばも進歩、展開を続ける生きものである。だから私は「より正しく、より美しい体系」と言ったのである。今、文章表現に限って言うと、そういうことばの進歩、展開が、常に「より正しく、より美しい」ものへの近接であるとは言えない。それは人間の価値、人格の問題と同質である。現代の人間の方が、百年、二百年前の人間より高い人格を持っているとは断じて言い得ないに違いない。ある知識はもちろん増大しているけれども、反面忘失したものも少なくはないのである。

「とても安い」とか「とても寒い」とか云う「とても」の東京の言葉になり出したのは数年以前のことである。勿論「とても」と云う言葉は東京にも全然なかった訳ではない。が、従来の用法は「とてもかなわない」とか「とても纏まらない」とか云うように必ず否定を伴っている。

肯定に伴う新流行の「とても」は三河の国あたりの方言であろう。現に三河の国の人のこの「とても」を用いた例は元禄四年に上梓された「猿蓑《さるみの》」の中に残っている。

秋風やとても芒《すすき》はうごくはず　　三河、子尹

すると「とても」は三河の国から江戸へ移住する間に二百年余りかかった訳である。「とても」手間どったと云う外はない。

長い引用を試みたが、これは、大正十二年から十三年にかけて雑誌『随筆』に掲げられた芥川龍之介の「澄江堂雑記」第二十三章「とても」の全文である。この一文における芥川の「とても」の考え方はやや不透明であろう。だから芥川は第二十七章にもう一度「続『とても』」を書いている。その後半を見てみよう。

その後島木赤彦さんに注意されて見ると、この「とても」（子尹の句における）も「とてもかくても」の「とても」である。（略）

しかしこの頃又乱読をしていると、「続春夏秋冬」の春の部の中にもこう言う「とても」を発見した。

市雛《ひな》やとても数ある顔貌　　化羊

元禄の子尹は肩書通り三河の国の人である。明治の化羊は何国の人であろうか。

このごろ幾分下火になったようであるが、「とてもじゃないが」ということばをしばしば耳にして、私はその意味を考えさせられた。ある時友人の一人が、「とてもじゃないが、やりきれない。」と言ったので、私は「君のいう『とてもじゃないが』はどういう意味なんだ。」とたずねてみた。相手は「え？　何のこと」とききかえした。問いつめた結果「とても」の意味に使っていたということがわかった。

話がやや横道に走ったが、ここにも現代日本語のあいまいさの一端のあることがわかってもらえればよいのである。ジャーナリズムに支配された日本社会は、まさに流行語の氾濫《はんらん》である。次々に登場し、次々に消えてゆく流行語とは、本質的に不正確であり美しくもない、感傷語にほかならない。

日本語の文体が、いわゆる言文一致体を確立するまでには、実に様々な曲折をへ、文字通り種々の難関を突破しなければならなかったのである。この方面の専攻者である私の友人山本正秀説によると、言文一致運動は、慶応二年（一八六六）、前島密が将軍徳川慶喜に「漢字御廃止之儀」を提示したときから、昭和二十一年（一九四六）、官庁の公用文に口語体が採用されるまでの八十年間にわたった運動であった。この運動の口火を切った先覚者前島密は、維新後の日本における郵便制度の創始者となった。「郵便」とか「切手」とかいう名称を作ったのもこの人であった。しかし、総じて日本近代の言文一致運動に大きな働きを果たしたのは、作家・詩人たちにほかならなかった。文化全般における文学の位相というものが、おのずからそこに浮かぶのであるが、そのことは次章にまわして、ここでは、わが近代文学における文体の展開を、少しながめてみることとしよう。山本説を根拠としてである。

(1)「千早振る神無月も最早跡二日の余波となッた廿八日の午後三時頃に、神田見附の内より、塗《と》渡る蟻《あり》、散る蜘蛛《くも》の子とうようよ、ぞよぞよ沸出でて来るのは、孰《いづ》れも顋《おとがい》を気にし給ふ方々。（略）途上人影の稀れに成つた頃、同じ見附の内より両人の少年が話しながら出て参つた。」（二葉亭四迷「浮雲」明治二十年）

(2)「鷲見柳之助は其妻を亡つてはや二七日になる。去る者は日に疎しであるが、彼は此十四日をば未だ昨日のやうに想つてゐる、時としては、今朝のやうに唯の今のやうにも想ふ。」（尾崎紅葉「多情多恨」明治二十九年）

(3)「天長節の夜は宿直の当番であつたので、丑松銀之助の二人は学校に残つた。敬之進は急に心細く、名残惜しくなつて、いつまでも此処を去り兼ねる様子。」

（島崎藤村「破戒」明治三十九年）

(4)「何処にしても陸を見る事の出来ない航海は、殆ど堪へ難い程無聊に苦しめられるものであるが、横浜から亜米利加の新開地シアトルの港へ通ふ航海、此れもその一ツであらう。」

（永井荷風「あめりか物語」明治四十一年）

(5)「一月二十九日の朝、丸善に行つていろ〱の本を捜した末、ムンチと云ふ人の書いた『文明と教育』と云ふ本を買つて丸善を出た。出て右に曲つて少し来て、四つ角の処へ来た時は、右に折れようか、真直ぐに行かうかと思ひながら一寸右の道を見る。二三十間先に美しい華の着物を着た若い二人の女が立ちどまつて、誰か待つてゐるやうだつた。」

（武者小路実篤「お目出たき人」明治四十三年）

いずれも著名な近代小説の冒頭の一節を並べてみた。そこにおのずから、言文一致体の展開の姿が浮かぶからである。文壇においては、おそくも明治四十三年前後において、言文一致体は、日本文学の唯一不動の文体として確立されていたのであった。

ことに、武者小路実篤の、自由自在の表現は、後輩に異常な感銘を与えた。その感銘は次の如くであった。

「厳密な意味の言文一致を大成したのは武者小路氏だと言ってもいいような気がする。気がすると言えばこの『気がする』という言葉でさえも武者小路氏が最初使い出した頃には、随分と人が笑ったものだ。今では『気がする』的表現のない文章を見出だすのが困難な位になった。」（佐藤春夫「秋風一夕話」大正十三年）

「我々は大抵、武者小路氏が文壇の天窓を開け放って、爽《さわやか》な空気を入れた事を愉快に感じているものだった。恐らくこの愉快は、氏の踵《くびす》に接して来た我々の時代、或は我々以後の時代の青年のみが、特に痛感した心もちだろう。」

（芥川龍之介「あの頃の自分の事」大正八年）

こういうことをも考えの内に加えて、日本の近代文学を読むと、実に様々な感銘を禁じ得ない。そしてそこにこそ、読書の喜びも自然に生まれずにはいないのである。これも私の独断であるが、私は成人に達するまでに少なくとも二期、乱読時代を経過しなければ、本当の大人にはなれないと思う。特に大学生となる資格はないと思う。私自身の体験にてらして言えば、第一期は小学校上級の時、第二期は中学（旧制）後半期、つまり現在の高校時代である。今、そういう遠い昔を回想しても、そのころの読書の面白さ、知る喜びの大きさは、なつかしくうらやましくてならないのである。読むものは何でもかまわない。たとえ一顧の価値のない雑文であったにしても、それを読むことに即して内に燃え上がるインタレストが重要である。未だ成人に達していない若者にとっては、森羅万象のすべてがその知的関心の対象であることには、いささかの疑問もないであろう。そして、そういうインタレスト、知る喜びこそが、学生・生徒の生の本当の喜びであるべきである。ここからもう一度、先に記した「無償の行為」ということばを思いおこしてほしい。純粋に知ること、そのことから感得される喜びもまた「無償の行為」の結果なのである。そしてそこだけに、輝かしい人生の開幕があるのである。

国語への関心を深める、不可欠の前提の一つは、多読ということである。それは乱読であってもかまわない。そのことと関連して、もう一つ言わなければならない前提がある。それは、文章を書くことである。この両者のつながりについては、改めて言う必要もないであろう。文章というものがこんなに面白いものだと実感したとき、人は誰でも、よし自分も一つ書いてみようと思うのである。ちょうど、山を見て登りたくなり、海をながめて泳ぎたくなるのと同様であろう。そして、自らペンをとって紙の上に文字を並べようとするとき、そこにも又一つの重要な契機が秘められているのである。文章を書くことのむつかしさ、書き直し、書き加え、いくら努力をはらっても、なかなか自分の心を満足させるような表現はたやすくは生まれないのである。そしてそこから、自分をあんなに感動させた文章表現が目前にあることに気づき、そういう表現を生んだ筆者への尊敬の気持が生じないはずはないのである。

以上、私は国語学習の重要性に、色々な面からふれてみた。そういう私の心中には、現在の国語教育の無力さへの不安が在り続けたからである。古典の場合をもこめて、日本人にとって日本語とは、唯一無二の国語なのである。その国語学習に、どうして今日の若い人々の熱意が盛り上がらないかということ、このことはやがて、現在日本の背負っている文化そのものが、本当の文化ではないのではないかという不安にもつながらずにはいないのである。

先日、雨の降る日、家を出て少し進んだ道傍で、道路掃除をしていた老人が、私の顔をじろじろと見つめる。その人の前を二三歩過ぎたころ、突然私の前に走り寄って「今日は、お見それしました。」と言って頭を下げた。私もその老人の顔を見つめたが、どこの誰かわからない。しかし丁寧にあいさつしてくれたので私も「お元気ですか。」と答えた。するとその老人は、深く頭を下げて「はい、元気です、おかげさまで。」と言った。私の内にある感銘がわいた。「おかげさまで」というありきたりのことばが、純粋な、無償の心情を私に伝えたからであった。

ここにも美しいことばがあったのである。

第二章　表現の典型としての文学

文学による表現に、自らの生の第一義を認めた、あるいは認めなければならなかった人間——それが作家であり詩人である。したがって、真の作家・詩人の表現は、それぞれの国語の表現の典型である。ことに近代においてはそうである。なぜことに近代においてそうだと言えるのか。まず、そのことを明らかにしたいと思う。それはおのずから、国語学習、ことに現代国語の正しい学び方の問題につながるにちがいないからである。

昔、詩人を「理想国家」から追放した哲人があった。ギリシャの著名な哲学者プラトンである。プラトン（四二七—三四七BC）は三つの理由から、詩人を追放したのであった。もちろん、現実のギリシャからではない。プラトンの頭の中の「理想国家」からである。その理由の第一は、芸術というものは、真の実在——イデアの影の影だという哲学的理由である。例えば机には「机」というイデアがある。これだけが真にあるもの、そのイデアにならって現実の様々な机の存在が可能となる。それはイデアの影なのだ。その影を画家が描いて絵にする。絵は現実の机の影なのだ。つまり、芸術というものは、イデアの影の又影なのだ。文学も同様である。何等かの現実の影なのだから。そういう影の影などは本来無用であるというのがプラトンなのである。観念論であることはおわかりと思う。第二の理由は、道徳的理由である。文学はしばしば不道徳なものと結びつく。不倫の恋を描き、頽廃した生を描く。そしてその不道徳性に即して文学の魅力が生じるとすると、文学とは本来不道徳なものである。そんなものは「理想国家」には不必要であるというのである。第三は、第一の理由とあるつながりを持つ心理的理由である。人間が人間としての人格を形成するためにどうしても必要な前提は、静かな、不動の心情である。心が右に左に揺れ動いていたのでは、人格形成は不可能である。ところが文学は、人間の感情を常に揺さぶり動かす。これは人間にとって有害であるというのである。

大まかな言い方をしたが、大体プラトンの詩人追放の論理はわかってもらえたと思う。こういう考え方が、その後長く西欧の文化を方向づけたことも事実であった。このことは何も西欧に限らない。東洋、日本においてもしばしば芸術は社会的に批判され続けたのであった。芸術家は芸人であり、文学は有害なものという考え方は、明治日本、極論すれば現在の日本にも存在し続けているのである。江戸時代、「源氏物語」が好色本と目された時もあった。

こういう芸術否定の伝統に、真正面から立ち向かい、その生命に新しい価値を与えたのは、ドイツの思想家フリードリッヒ・ニイチェ（一八四四―一九〇〇）であった。ニイチェは、人間の一切の行動の中で最高の価値を持つものは芸術の創造であり、従って詩人とは、それが真の詩人であれば、正に人間の典型であると主張したのであった。二千数百年を経て、プラトンの芸術否定を全面的に否定するニイチェの考え方を更に一歩進めつつ数々の作品を書いた作家が、イギリスの人オスカア・ワイルド（一八五四―一九〇〇）である。ニイチェとワイルドとが、共に十九世紀の終わりの年に世を去ったことも、偶然ながらあることを暗示している。この芸術肯定説が、正に近代思潮の一つであることを告げている。そのワイルドの考え方を、明瞭に示しているものの一つは、長編「ドリアン・グレイの画像」（一八九一年刊）に付けられている「序」である。

芸術家とは諸々の美しきものを創造する人である。（西村孝次氏訳による）

これが自序の冒頭のことばである。次いでその中間のところで次のように告げている。

凡そ道徳的な書とか不道徳的な書などというが如きものはあり得ない。書物はよく書かれているか、もしくは拙く書かれているかだ。それだけのことにすぎぬ。

そして最後の部分がある。

人間が或る有用なものを作ってもそれを歎賞しないかぎり、われわれはその人を赦すことができる。無用のものを作る唯一の口実は、ひとがそれを熱烈に歎賞することである。

あらゆる芸術は無用のものである。

このワイルドの主張を、先に記したプラトンの所論と比較すると、そこにある興味がわくであろう。

ここで一寸横道にそれる。高校生諸君に言いたいのである。今私は、「そこにある興味がわくであろう」と記した。そしてある不安を感じたのである。第一章の場合も、この第二章の場合も、全体として君たちの興味を多少でも誘起することができるであろうか、という不安である。ただしこの不安は、私自身への不安ではない。読者である年若い諸君に関する不安なのである。本当に知る喜びというものを君たちは持ち続けているだろうかという不安なのである。最近は、まじめな勉強家にしてこの喜びを知らない学生がいるからである。本当に目指すところは、テストをパスすることというのでは、私はわびしく思う。それでは勉強ということは、外からのしかかってくる重荷にすぎないだろう。その重荷に耐えつつあるうちに自然に知る喜びを内に確立することももちろんある。しかし、知る喜びを内に持って学ぶものにとっては、外からの重荷は決して単なる重荷ではないはずである。知ることの難しさをともなわない知る喜びなどというものは、もともとないのだから。これだけ言っておいて、ワイルドのことばにもどることとする。

プラトンが、芸術とはイデアの影の影といったのに対して、ワイルドは、「美しきもの」の「創造」であるという。プラトンが、芸術とは本来不道徳であるといったのに対して、ワイルドは、芸術と道徳とは無関係だという。さらにプラトンが、芸術は人間に有害だといったのに対して、ワイルドはもともと「芸術は無用のもの」という。ワイルドの内にプラトンの芸術否定、詩人追放に対する反撥《はんぱつ》のあったことは明らかである。この両極は、しばしば「古い芸術観と新しい芸術観」と呼ばれる。その「新しい芸術観」の生まれた十九世紀は、たしかに一つの転機であった。西欧における近代の確立であった。以来西欧のみならず、日本においても、「古い芸術観」に代わって「新しい芸術観」が盛り上がったのである。その一つの例を引こう。

君はワイルドの言葉を知っているだろう。――"Vice and virtue are to the artist materials of his art." という事を。――ところが僕はそれよりもモッと進んだ意見を持っているんだ。つまり、"Vice" を材料にしたのでなければ、決して優秀な文学は出来ないというんだ。（中略）換言すれば『美』は『善』よりも余計『悪』と一致する。

これは、谷崎潤一郎の力作「饒太郎」（大正三・九『中央公論』）の主人公のことばである。主人公饒太郎が、若き日の谷崎の分身であることは言うまでもない。大正三年は、谷崎の数え年二十九歳、ワイルドが「ドリアン・グレイの画像」を刊行したのは明治二十四年、時にワイルドは三十八歳であった。この二つの関連の深い作品誕生の間に、二十三年という時が流れていたが、近代日本のあわただしい展開の姿はここにも明らかである。

ここまでは、いわば前書きである。私の言いたかったことは、近代に入って、芸術は明らかに創造となり、したがって文章表現の分野においては、文章表現の典型は、まぎれもなく文学そのものとなったという事情を一応理解してもらいたかったのである。ここから本題に入ることとする。

文芸は文章に表現を托《たく》する芸術なり。従つて文章を錬鍛するは勿論小説家は怠るべからず。若し一つの言葉の美しさに恍惚たること能はざるものは、小説家たる資格の上に多少の欠点ありと覚悟すべし。

これは芥川龍之介の遺稿の一つ「小説作法十則」の第七則の前半である。芥川という作家は、終始「一つの言葉の美しさに恍惚たること」を忘れず、求め続けたところにおいて明らかな個性を示した存在であった。だからその作家的行路は、決して安易なものではあり得なかったのである。そのことを、芥川自身のことばによって示そう。

芸術家は何よりも作品の完成を期せねばならぬ。さもなければ、芸術に奉仕する事が無意味になってしまうだろう。たとい人道的感激にしても、それだけを求めるなら、単に説教を聞く事からも得られる筈だ。芸術に奉仕する以上、僕等の作品の与えるものは、何よりもまず芸術的感激でなければならぬ。それには唯僕等が作品の完成を期するより外に途はないのだ。

(「芸術その他」・大正八・一一『新潮』)

芸術の境に停滞という事はない。進歩しなければ必ず退歩するのだ。芸術家が退歩する時、常に一種の自動作用が始まる。という意味は、同じような作品ばかり書く事だ。自動作用が始まったら、それは芸術家としての死に瀕したものと思わなければならぬ。僕自身「龍」を書いた時は、明らかにこの種の死に瀕していた。（同右）

ここに挙げられている「龍」は、大正八年五月『中央公論』に掲げられた作品である。芥川にとって一つの作家的危機であった大正八年の「芸術その他」から二つ引用したが、これらのことばとそれに遺稿「小説作法十則」の一節とをあわせて一読して感じとられるものは、正に文章表現の典型としての文学というものの、疑いもない厳存である。そのこととあわせて、今日のジャーナリズムの力に支配された文学が、果たして文学であるかどうか、「自動作用」ではないか、という疑問も生ずるであろう。当然のことである。

そういう芥川が、深い尊敬をはらった作家の一人は、志賀直哉であった。その尊敬の理由は、「人生を立派に生きている」ことと、「立派なテクニイクの持ち主」であることであった。「文芸的な、余りに文芸的な」（昭和二年）の第五章「志賀直哉氏」にくわしく述べられている。第六章「僕等の散文」には、「僕等の散文に近代的な色彩や匂を与えたものは詩集『思ひ出』の序文だつた」という回想も記されている。北原白秋の第二詩集『思ひ出』（明治四十四年）の序文の冒頭を引いてみよう。

時は過ぎた。そうして温かい刈麦のほめきに、赤い首の蛍に、或は青いとんぼの眼に、黒猫の美くしい毛色に、謂《いわ》れなき不可思議の愛着を寄せた私の幼年時代も何時の間にか慕わしい「思ひ出」の哀歓となってゆく。

芥川の「文芸的な、余りに文芸的な」は、「『話』らしい話のない小説」論をめぐる谷崎潤一郎との論争を主軸としたものであったが、その相手でもあり、先輩でもあった谷崎には、『文章読本』（昭和九年）という著書がある。自序において、谷崎は、「此の読本」は「なるべく多くの人々に読んで貰う目的」で、「われわれ日本人が日本語の文章を書く心得」を書いたものと告げている。一読をおすすめしたい。全体が「文章とは何か」「文章の上達法」「文章の要素」の三部から成り、第一部は四章から、第二部は二章から、第三部は七章から成っているが、ここでは、第一部第二章の「実用的な文章と芸術的な文章」についてふれておきたい。

私は、文章に実用的と芸術的との区別はないと思います。（略）文章を以て現わす芸術は小説でありますが、しかし芸術と言うものは生活を離れて存在するものではなく、或る意味では何よりも生活と密接な関係があるのでありますから、小説に使う文章こそ最も実際に即したものでなければなりません。もし皆さんが小説には何か特別な言い方や書き方があるとお思いになるのでしたら、試みに現代の小説をどれでもよいから読んで御覧なさい。小説に使う文章で、他の所謂《いわゆる》実用に役立たない文章はなく、実用に使う文章で、小説に役立たないものはないと言うことが、直《じ》きお分りになるのであります。

その見本として谷崎は、志賀直哉の「城の崎にて」（大正六年）の一節を引いている。そして、「故芥川龍之介氏は此の『城の崎にて』を志賀氏の作品中の最もすぐれたものの一つに数えていましたが、こう言う文章は実用的でないと言うことが出来ましょうか。」と付言している。芥川が「立派なテクニクの持ち主」と言った志賀は、ここでも「実用的と芸術的との区別はない」という谷崎説の支えとなっているわけである。谷崎の引用部の後半を示すこととする。今までも、数々の引用を重ねてきたが、その引用文は、文語体でないものは、現在の表現法に改めた。しかしここでは、原文のままとする。

或朝の事、自分は一疋《ぴき》の蜂が玄関の屋根で死んで居るのを見つけた。足は腹の下にちゞこまつて、触角はダラシなく顔へたれ下がつて了《しま》つた。他の蜂は一向冷淡だつた。巣の出入りに忙しくその脇を這《は》ひまはるが全く拘泥する様子はなかつた。忙しく立働いてゐる蜂は如何にも生きてゐる物といふ感じを与へた。その脇に一疋、朝も昼も夕も見る度に一つ所に全く動かずに俯向《うつむ》きに転がつてゐるのを見ると、それが又如何にも死んだものといふ感じを与へるのだ。それは三日程その儘になつてゐた。それは見てゐて如何にも静かな感じを与へた。淋《さび》しかつた。他の蜂が皆巣に入つて仕舞つた日暮、冷たい瓦《かはら》の上に一つ残つた死骸を見る事は淋しかつた。然しそれは如何にも静かだつた。

文学が、文章表現の典型であることの実感を味わってもらいたいのであるが、作品の一節だけからでは無理かも知れない。「城の崎にて」の全文を、静かに一読されることを希望したいのである。

最後に、文章表現に関する有名な一つの挿話を添えて終ろう。それは、フローベールがモーパッサンに与えた教訓である。フローベールは、亡友の甥に当たる若者モーパッサンに対して、父親のような愛情を注いだのであった。そして、文学に志したモーパッサンに対して、繰り返し様々な教訓を与え続けたのであった。「私がどんなにフローベールのことを考えているか到底言葉では言えません。フローベールのことは私の頭について離れず、どこまでも追いかけて来ます。」フローベールの死後間もなくゾラに当てたモーパッサンの手紙にはこういうことばが見られた。それほど慕わしい恩師フローベールの教訓を、モーパッサンは長篇「ピエールとジャン」の巻頭に付けた有名な「小説論」の中で、次のように告げている。恐らく作家モーパッサンの生涯を支えた教訓だったにちがいない。二つの部分を引く。

燃えている火、野原の真中に立っている一本の木立、こういうものを描くに当たって、この火なり木立なりが、我々にとって、他のいかなる木立、他のいかなる火にも似ていないものになるまで、じっとその前に立っているようにしよう。

言わんと欲することが何であろうとも、これを表現するのに言葉は一つしかない。これを動かすのに一つの動詞しかなく、その性質を言い表わすのに一つの形容詞しかない。

私は先に、芥川の「一つの言葉の美しさに恍惚たること」が作家にとって大切な前提であるという主張を記した。そしてここでフローベールのことばを引いた。この両者の表現に対する真剣な態度に、一つの共通性のあることを思わずにはいられないのである。だからこそ文学は、文章表現の典型となったのである。真の作家である限り、恐らく、自己の表現への真剣さという態度は、共通する根であったにちがいない。たとえその文学観に相違があったにしても。死の直前の芥川の論争の相手であった谷崎にも次のようなことばがある。「文章読本」の一節である。

たしか仏蘭西《ふらんす》の或る文豪の言ったことに、「一つの場所に当て嵌《は》まる最も適した言葉は、唯一つしかない」と言う意味の言がありますが、此の、最適な言葉は唯一つしかないと言うことを、よくよく皆さんは味わうべきでありまして、数箇の似た言葉がある場合に、孰《いず》れでも同じだとお思いになるのは、考え方が緻密《ちみつ》でないのであります。尚注意して思いを潜《ひそ》め、考えを凝《こ》らして御覧になると、必ず孰れか一つの言葉が、他の言葉よりも適切であることがお分りになります。

谷崎が『仏蘭西の或る文豪』と言ったのがフローベールを指していることは言うまでもない。以上ここでは、文章を書くものの場に立って、表現の典型としての文学を考えてきたが、この「尚注意して思いを潜め」るという態度は、読むものの場においても、何よりも重要なこととなるにちがいない。そのことを次章に考えてみたい。享受・鑑賞・批評ということについてである。

少しスペイスに余裕があるので、若い生徒諸君、学生諸君の表現に文脈の乱れが多いことを一言しておきたい。数多くの卒業論文を読み終わった私には、そのことを言わずにいられない思いがあるからである。

(1)「昔の人が絶対に不可能と思われていたことが、今日では可能になった。」

(2)「わたしは去年の春、希望に満ちて入学して以来、もう一年半が過ぎ去ろうとしている。」

こういう表現に、君たちは果たして文脈の乱れを感じるであろうか。(1)の場合では、「昔の人が」は「不可能と思っていた」と呼応しなくてはならない。「不可能と思われていた」に呼応するのは「昔の人に」でなくてはならない。(2)の場合では、「……以来」のような従属句の主語は「が」によって導かれなくてはならない。こういう呼応の原則は、常に厳しく守られていなくてはならないのである。こういう文脈のよじれを、よじれと感じないものは、表現を享受する場合にも、「思いを凝らして」という態度を忘れるのではないであろうか。

もう一つ付記したいことは、若い人たちの敬語の用い方のあいまいさである。過日小生のところに来た、国文科の学生の便りに次の如く記されていた。

「恐い先生への御便りですから、私は緊張してお書きになりました。」

第三章

読解・鑑賞・批評

文章表現を前にして、人間の心の動きは、読解—鑑賞—批評という順序をとる。読解を経ない鑑賞というものはあり得ないし、鑑賞を経ない批評というものもあり得ない。しかし、批評を忘れた鑑賞はあり得るし、鑑賞に到らない読解もあり得る。まずこのことを、自分の体験に即して理解することが重要な前提である。しかし、もともと人間の心の動きは、これを機械的に区分することは不可能である。読解は自然に鑑賞につながり、鑑賞は自然に批評につながる、人間の心の生動なのである。そうであればこそ、この三者はしばしばあいまいな形で混在するという結果を示しがちなのである。だから、ここでは、私は明確に区分することはもともと不可能であることを承知の上で、敢えてこの三者に区分して考えることとしたい。

読解と鑑賞との分かれ目は、対象を外に見るか、内に見るかの相違である。

読解ということは、次の二つの課題を解くことである。

(1) 言語とそれが指し示す事物との関係

(2) 一つの語と他の語との関係

現代の記号論においては、この第一の分野は意味論と呼ばれ、第二の分野は構文論と呼ばれている。この二つの分野を明確に把握すること、それが読解なのである。このことは、誰でもが日々体験しつつあることなのであるが、それだけに、必ずしも明確な意義を必要としないところから、あいまいな状態に陥ることもあるのである。一、二具体例をあげてそのことにふれたい。

属者客あり、吾等を難じて曰く、所謂日本主義は来世を説かずして現世を説き、世界を取らずして国家を取り、平等を排斥して差別に執着し、(略)

これは、高山樗牛の「日本主義と哲学」の冒頭である。明治三十年に書かれたこの表現は、今日の目には古い文語体をとっている。しかし、その意味は明らかである。

「来世」と「現世」、「世界」と「国家」、「平等」と「差別」という対語が、日本主義を説く筆者と、それを難ずる客とのそれぞれの主張をはっきり示している。しかし、「属者」ということばは、恐らく今日の読者には理解し難いのが一般であろう。そしてこの一つの語の意味が不明のままでは、右の一文の読解もまたあいまいとなる。そういう時とるべき態度は、言うまでもなく辞書を開くことである。一緒に辞書をしらべよう。外国語の辞書は引くけれども国語の辞書とは縁が無いという学生・生徒がちかごろは多いようである。これは学ぶものの態度としては逆である。

属　(1)ショク　ゾク　ソク　(2)シユ　〔訓〕ツク・コノゴロ・ツラナル　〔字源〕尾の省画と蜀の合字。連続する義。尾を書くは、頭より尾に連る意を示せる也。転じて附き従ふ義とし、再転して部下、親同戚、同輩、下役人等の義とす。蜀は音符。

属者　ゾクシヤ㈠従者。つきしたがふもの。㈡シヨクシヤは近時の義。

これは講談社版『大字典』の解説である。今度は漢和辞典に対する国語辞典、岩波書店版『広辞苑』を引いてみよう。

ぞくしゃ〔属者〕

しょくしゃ〔属者〕(1)〔史記〕つき従う者。(2)〔漢書李尋伝〕このごろ。昨今。近時。頃者。

これで「属者」の意味は明らかとなった。右に引いた一文の「属者客あり、」は「ちかごろ客が来た」という意味である。

もう一つ、例を引こう。こういう俳句がある。私の戯作である。

梅つ月庭の小枝も咲きにけり

ここでも「梅つ月」という語の理解が、必要となるにちがいない。『広辞苑』を引こう。

うめつつき〔梅つ月〕　陰暦二月の異称

この項目の二つ前には、「梅つ月」と同義の語として「梅つ五月」ということばの示されていることも、自然に目に映るにちがいない。そのことがわかれば、「庭の小枝」が「梅の小枝」であることもはっきりしてくるにちがいない。「梅つ月」の語義をあいまいのままにして、「梅」とあるから「庭の小枝」も「梅の小枝」だろうというのでは、読解としてはあいまいである。

ここで是非言っておきたいことの一つは、国語についても常に辞書、国語辞典と漢和辞典とを引く慣習を身につけるべきであるということ、もう一つは、言語は特定の人間集団ないし民族における約束であるということである。後者については少し解説が必要だと思う。

言語というものは、文字による表現でも音による表現でも、それ自体は物理的な事象である。例えば「橋」という文字は、われわれの目には常に、必然的に「橋」と映る。同時に、「橋」という語によって示されている物も、一つの因果関係として認識されるのである。そこまでは問題はない。しかし「橋」という語と、「橋」という物との間に生ずる一つの因果関係は、決して直接的な、物理的な因果関係ではないのである。なぜなら、同じ「橋」を見ても、イギリス人は"bridge"というであろうし、フランス人は"Pont"と言うであろうから。言語とそれが指し示す事物との結びつきというものと、言語とその知覚、事物とその知覚の結びつきのように、どこのどのような人間にとっても同じであるというような性格ではなく、特定の人間それぞれの間に形成された約束なのである。その社会的・客観的な約束は、個人の主観によって曲げたり変化させたりすることはもともと許されないことである。私が先に、「対象を外に見る」ところに読解の性格を見たのは、そのためである。読解という営みは、あくまで、客観的に、対象である文字・言語を自分の外に置いて、その文字・言語に負わされている社会的約束を忠実に把握することにほかならないのである。それが社会的約束であるということは、社会そのものの歴史的変化にしたがって、言語の社会的約束もおのずから変化することをも意味しているが、今はそのことには深く立ち入らないこととする。古文と現代文との存在を考えれば、おのずから理解できると思うからである。

こういう読解の分野に対して、鑑賞の場合は、次の二点が重要な性格となる。

(1) 言語とそれを使用した人間との関係

(2) 表現者と読者との内的関連

鑑賞の対象となるものは、常に、誰かによって語られた言語、誰かによって書かれた文である。読解の場合もその通りであるけれども、しかし読解の分野においては、「誰」よりは言語自体の解明が問題であった。鑑賞の場合はむしろ「誰かによって」の方が問題となってくるのである。

たとえ一つの単語であるにしても、実際に誰かによって使用されたものは、決して固定化された社会的約束に止まるものではない。辞書の中に記された「花」という語と、現実に発音され、記された「花」という語との間には、大きな相違がある。前者は未だ生命を持たない単なる記号であるのに対して、後者はある生命を持った誰かの意志表示なのである。このことは、一つの単語の場合に限らない。例えば、「私は二人の兄を持っている。」という英作文の問題があるとする。それは文ではあるけれども、現実に使用されたものではない。「私」は誰でもなく、誰でもある。だから生命を持たない。同じ表現が、手紙の中に記されたものであり、作品の一節である場合は、事情は全く相違する。そこには筆者の意志や心情が、ことばとともに告げられているのである。それが鑑賞の対象なのである。

文章表現の典型としての文学について考えると、文学一般に共通する基本的性格は、万人の共感を欲する作者の心情である。自分の表現が一人でも多くの読者の心に共感を与え、感動を生ぜしめること、これが作者にとって最大の願いであることは言うまでもない。しかし、そういう作者の願いは、常に作者の夢であり、理想であることも事実である。だからこそ作者は、単に表現が出来たということ、作品が書き上げられたということで満足するわけにはゆかないのである。

彼は「或阿呆《あほう》の一生」を書き上げた後、偶然或古道具屋の店に剝製《はくせい》の白鳥のあるのを見つけた。それは頸《くび》を挙げて立っていたものの、黄ばんだ羽根さえ虫に食われていた。彼は彼の一生を思い、涙や冷笑のこみ上げるのを感じた。

これは芥川龍之介の遺稿「或阿呆の一生」の終わりに近い、第四十九章「剝製の白鳥」の一節である。この一節を読んで、自分の内にある感銘をおぼえるかどうか。言いかえると、表現者の心が、自分の心とつながりを持つかどうか。私が先に「表現者と読者との内的関連」といったのは、このことを指したのである。したがって、鑑賞するものの心は、できるだけ柔らかであり、温かであり、同時に誠実でなくてはならない。初めから好きだと決めたり、嫌いだと決めたりしていたのでは、真の鑑賞は不可能である。豊富な体験と想像力とが大きな意味を持つのも、人と人との心のつながりということにおいてである。真の鑑賞の見本を一つ引用しよう。表現はわかりやすく改めておく。

拝啓　新思潮のあなたのものと久米君のものと成瀬君のものを読んで見ました。あなたのものは大変面白いと思います。落着があってふざけていなくって自然そのままのおかし味がおっとり出ている所に上品な趣があります。それから材料が非常に新らしいのが眼につきます。文章が要領を得てよく整っています。敬服しました。ああいうものを是から二三十並べて御覧なさい。文壇で類のない作家になれます。然し「鼻」だけでは恐らく多数の人の眼に触れないでしょう。触れてもみんなが黙過するでしょう。そんな事に頓着しないでずんずんお進みなさい。

群衆は眼中に置かない方が身体の薬です。

大正五年二月十九日、夏目漱石が芥川龍之介に当てた書簡である。同人文芸誌第四次『新思潮』の創刊号に発表した短編「鼻」についての漱石の賞讃のことばである。漱石は、大学三年に在学中の芥川の作品を、「上品な趣」と「材料が非常に新らしい」ことと、「文章が要領を得てよく整っている」こととの三点において認め、努力次第によっては「文壇で類のない作家になれます」と告げたのであった。「鼻」の鑑賞における漱石の正しさは、その後の芥川の作家的活動を明らかに予告していた。そういう真の鑑賞がおのずから批評につながることも、考えられるであろう。このあたりから、批評の問題に移ることとしよう。

鑑賞において、われわれは、ある表現を、読解の上に立って自己の内面に取り入れた。しかし、すべての対象を、例外なく内に取り入れるわけではない。表現者の心を、自己の心の内に取り入れようとする気持がどんなに強く働いた場合でも、どうしても、内に入れることのできないものもあるのである。われわれはそういう場合は、自分の考えによってそれを拒否するのである。「つまらない」とか「おもしろくない」とか、「反対だ」とか「間違っている」とかいう、さまざまなことばで、われわれは対象の拒否を表現する。「つまらない」も「間違っている」も、いずれも鑑賞の結果の表明である。それは否定的表明なのである。そういう否定的表明は、同時に対象に対するわれわれの批評でもあるのである。読解と鑑賞とのつながりと同様に、鑑賞と批評との間にもそういうつながりがあるわけである。それを強いて区分して考えると、批評の分野は次の二点に要約できる。

(1) 対象を自己の内面にどう配置するか

(2) 評価の客観性

鑑賞の結果、表現者と読者との間に心のつながりが生じ、ある対象がわれわれの心の内に取り入れられたとする。その時、われわれの内側には、同じような経過をとって取り入れられた、種々様々な表現がすでに積み重ねられているはずである。読書の量がひどく少なく、内側に生きているものがわずか二三冊の書でしかない場合でも、やはりそうであるが、ここでは、もっと沢山読んだ、読書好きの場合を考えた方が、論理が明らかとなる。すでに沢山の本を読み続けたものの内側の状況、内的風景は、たとえば一軒の書店に似ている。そこには、雑多な書物が、適当に整理されて本棚に並んでいるのである。そこへ今新しく一冊の書物が、鑑賞を経て取り入れられるとする。内に入場することを認めた以上、われわれはその新しい入場者に、適切な座席を与えなければならない。これは言うまでもなく配置の問題である。そして配置には、当然一定の秩序がなければならない。配置というものは、例えば辞書における語の配置のように、必要に応じて個々の語を引き出すことができるようになっていなくてはならない。したがって配置ということは、勝手に、その場その場で好きなように行なうわけにはゆかない。今新しく取り入れられたCという思想があるとする。それは、既に内にととのえられているA・B・C……の配置に従って、Cの部分に置かれるべきである。それが配置の第一段階である。第二段階は、Bの後、Dの前のCの部分にも、また一層精密な配置があるとしたら、同じCの部分のどこに置くかを決めなくてはならない。この第二段階の配置には、当然、対象の価値の大小も考えられなくてはならない。こういう段階を経て一応配置が完了したとき、その対象の批評もまた一応終わったことになるのである。しかしそれは、主観的批評である。もちろん、単なる好き嫌いではない。ある人の精神の内側に、その全体との間に特定の比重、特定の位置を占めて一つの表現が配置されたとき、その表現はその人によって批評されたのである。しかしそれは、あくまでその人の内的世界における配置なのである。その意味で主観的批評なのである。ここから第二の批評の客観性に目を向けなければならないが、これはなかなかむつかしい問題である。同時に、批評の生命にかかわる問題でもあるのである。

鑑賞の場合も、それが深まるにつれて、究極においては一つの真実に限りなく近づいてゆくにちがいない。しかし、それは、読者それぞれの個性によっていとなまれるものであった。そういう鑑賞を経て、対象を自己の内に配置し終えたとき、批評は一応出来上がった。しかし、それも、主観的であることは先に記した通りである。そういう主観的批評を客観的批評に高めることはどうしたら可能であろうか。そこで直ぐ浮かぶことは、他人の主観的批評との比較対比ということである。自分は心から立派な作品であると信じた作品を、他の人は頭から否定し去る、そういう場合もあり得る。その逆も。そういう二人の間にまじめな討論が行なわれ、そのどちらかの批評が二人に認められるとき、あるいは二人の意味を調和させる第三の意見に二人が到達し得たとき、批評は幾らかの客観性の生じることは事実であろう。しかし、そういう自他の対比ということだけで、本当の客観性を生み出すことは、不可能であろう。なぜなら、第一、第二の対立に続いて、第三、第四、第五と次々に相異なる意見が出てこないとは限らないからである。

批評に客観性を与える唯一の道は、一見客観的態度と見られる他の意見との対立とその克服であるよりは、むしろ、不断の自己批判である。ある作品を内に取り入れ、それに特定の配置を与えることによって、その人の精神は新しい秩序を形づくった。その新しい秩序において生きて働く自分の精神の機能がそれ以前に比較して少しでも高まりつつあるとき、そこにこそ客観性の芽生えがあるのである。人間にさけられない誤解や偏見は、他との対比、他からの反論を待つまでもなく、そういうものを内に包んだ心それ自体の機能を低下させずにはいない。また、ある対等の配置に誤りをともなったときも、人の心は当然不自由を感じ、重さを感じ、ついには痛みを感じないではいないのである。そうだとしたら、逆に、一つの対象を批評したことによって、精神の機能がより順調である場合は、その批評が客観性を持ったものであることの何よりの証拠なのである。

要するに批評とは、まず内面的配置の問題である。したがって、内に一定の秩序を持たないものには、批評はできない。強いて批評すれば、単に自分の好悪を語るだけに終わるのである。ここで付け加えておきたいことは、批評とは、決して対象を否定することではなく、逆に対象の肯定であるべきだということである。そして批評の客観性は、自己の精神とその活動とへの不断の反省によって得られるものなのである。

散文の読者は、足場の悪いところを散歩する人のように、一歩ごとに自分の均衡を確かめねばならぬ。

これはフランスの著名な哲学者アランの『芸術論集』第十巻「散文について」の中に示された教えである。散文を読む場合に限らない。一般に批評しようとするものにとって、何よりの忠告といっていいであろう。世間には、あいまいな読解に立脚した鑑賞家が多すぎる。それにも増してあいまいな鑑賞にもとづく批評家が多すぎる。

以上で、読解―鑑賞―批評という心の働き、もともと一続きの精神の働きが大体わかってもらえたと思う。少しかたくるしい表現になってしまったが、この私の表現をも、是非、読解―鑑賞―批評の対象として頂きたいものである。

次章は、もう少しゆったりした表現で、「ことばの美しさ」について記すこととするが、この主題も、この章の記述、ことに鑑賞についてのそれと深くつながることを付言して終わりとしよう。

第四章　ことばの美しさ

今度は、ゆっくり、ことばの美しさを味わうこととする。ことばにおける美とは何ぞやという論理よりは、なるほど美しいことばだという実感を目指すこととする。

今、私の机の上には、二冊の古い本が置かれている。高須芳次郎の『日本名文鑑賞・大正時代』（昭和十一年）と佐藤春夫の『美の世界』（昭和三十七年）とである。何故特にこの古い二冊の本を取り上げたかについては、一言しておきたい。

大正時代の文章は、概していえば、論文に、随筆に、創作に、小品に、いい廻わし方が、以前より、ずっと巧みになった。且つ機才の閃きを示して、文章を引き立てるもの、理智の働きによって、文章を特色づけるもの、新しい言葉、新しい用語によって、文章上、フレッシュな趣を添えるものなど、その特色がいろいろで、在来に見ない用意の周到さが閃めいている。

高須芳次郎の序文の一節である。ことばの美しさは、必ずしも「機才の閃き」や「理智の働き」だけに依存するものではないけれども、日本の近代における表現の美しさを感得するには、大正時代のものが適当であること、ことに年若い世代にとってそうであることは、ここに明瞭に示されている。そういう大正時代の表現の形成に大きな役割を果たした一人が、佐藤春夫である。もともとことばの美への関心の強かった詩人・作家佐藤春夫の心に、深く刻みこまれた詩歌五十二編を並べ、それぞれに解説を加えた一冊の本が「美の世界」なのである。今、私の机上にあるこの二冊の本の引用文をいくつか紹介し、それに関連して私見を述べることとする。まず高須芳次郎の取り上げている「叙事」の一典型を、そのままに示そう。

一夜のうちに伸びた鼻——芥川龍之介

或夜の事である。日が暮れてから急に風が出たと見えて、塔の風鐸《ふうたく》の鳴る音が、うるさい程枕に通つて来た。その上、寒さもめつきり加はつたので、老年の内供は寝つかうとしても寝つかれない。そこで床の中でまじまじしてゐると、ふと鼻が何時になく、むづ痒《かゆ》いのに気がついた。手をあてて見ると少し水気が来たやうにむくんでゐる。どうやらそこだけ、熱さへもあるらしい。

——無理に短うしたで、病が起つたのかも知れぬ。

内供は、仏前に香花を供へるやうな恭しい手つきで、鼻を抑へながら、かう呟《つぶや》いた。

翌朝、内供が何時ものやうに早く眼をさまして見ると、寺内の銀杏《いちやう》や橡《とち》が、一晩の中に葉を落したので、庭は黄金を敷いたやうに明《あか》るい。塔の屋根には霜が下りてゐるせゐであらう。まだうすい朝日に、九輪がまばゆく光つてゐる。禅智内供は、蔀《しとみ》を上げた椽に立つて、深く息をすひこんだ。

殆《ほとんど》、忘れようとしてゐた或感覚が、再、内供に帰って来たのはこの時である。

内供は慌て丶鼻へ手をやつた。手にさはるものは、昨夜の短い鼻ではない。上唇《くちびる》の上から顋《あご》の下まで、五六寸あまりもぶら下つてゐる、昔の長い鼻である。内供は鼻が一夜の中に、又元の通り長くなつたのを知つた。さうしてそれと同時に、鼻が短くなつた時と同じやうな、はればれした心もちが、どこからともなく帰つて来るのを感じた。

――かうなれば、もう誰も哂《わら》ふものはないにちがひない。

内供は心の中でかう自分に囁《ささや》いた。長い鼻をあけ方の秋風にぶらつかせながら。

これは、芥川の文壇登場の契機を作った短編「鼻」の結末の部分である。「鼻」が第四次『新思潮』の創刊号に掲げられたのは、大正五年二月、時に芥川は数え年二十五歳であった。東大英文科卒業の年に発表したこの作品が恩師夏目漱石に認められたことが、芥川の生に一つの方向を与えたのであった。大正五年二月十九日付の芥川宛の手紙で、漱石は三つの点において「鼻」を認めた。その手紙の前半を引く。第三章にも引用したがもう一度記そう。

拝啓　新思潮のあなたのものと久米君のものと成瀬君のものを読んで見ました。あなたのものは大変面白いと思います。落着があってふざけていなくって自然そのままのおかし味がおっとり出ている所に上品な趣があります。それから材料が非常に新らしいのが眼につきます。文章が要領を得てよく整っています。敬服しました。ああいうものを是から二三十並べて御覧なさい。文壇で類のない作家になれます。

青年龍之介は、漱石のこの賞讃を深く胸に刻んで、その後作家としての道を突き進み、漱石の予言通り、大正期文壇に「類のない作家」となることができたのであった。このことは、漱石の「鼻」の読み取り方が、極めて正確であったことをも告げている。「上品な趣」、「材料が非常に新らしい」、「文章が要領を得てよく整っている」、この三点は、文章表現一般にとって、欠くことのできない要素なのである。文章表現の本質とは、何を、如何に描くか、そして如何なる印象を読者の内に誘起するか、この三点に尽きるのである。このことを心に止めて、もう一度、「鼻」の結末に目を注ごう。内供の「鼻が短くなつた時と同じやうな、はればれした心もち」、「かうなれば、もう誰も哂ふものはないにちがひない。」という心の囁き、そして「長い鼻をあけ方の秋風にぶらつかせながら。」という全編の結びのことば等、いずれも端正で美しいではないか。そこでは、人間の宿命をめぐる喜びと悲しみとが、一つに溶け合っている。

もう一つ『日本名文鑑賞』から引く。ただし引用されているものの半分に止めよう。

好き・嫌ひ――武者小路実篤

自分は思ひやりのある人間、他人の長所を認める人間が大好きである。
自分の仕事を忠実にする人間、他人に通じない処で良心を働かす人間が大好きである。
不平を云はずに自分の足りない所を認めるのも大好きである。
他人の幸福をよろこび、他人の不幸を同情するのも大好きである。
心の働きの緻密なもの、生長力の強い者、淡白でいや味のないもの。
思慮深くつて勇気のあるもの。
利己的でないもの。
他人の欠点を認めると同時に自分の欠点を認めるもの。
皆好きである。
不純なものがなく、純粋なよろこびを知れるもの、大好きである。

太腹で自分の信じてゐることを平気でやるのも好きである。

いぢけないもの、臆病でないもの、他人の思はくを恐れずに、自分の内心の要求通り生るものも好きである。

内から充実してゐるもの。

倒れても又起きあがるもの。

己の分を知るもの。

自分の力相当のことをして、おちついてゐるもの。

自分に正直なもの。

大好き、大好き。


これは大正十四年二月の『中央公論』に掲げられた「瞑想」という随筆の一部で、『日本名文鑑賞』の「随筆篇」に引かれているものの後半である。武者小路実篤は、周知の通り『白樺』派の中核をなした人物である。殊にその表現の個性において著しいものを示した存在であった。

我々は大抵、武者小路氏が文壇の天窓を開け放って、爽《さわやか》な空気を入れた事を愉快に感じているものだった。（中略）氏の「雑感」の多くの中には、我々の中に燃えていた理想主義の火を吹いて、一時に光焰を放たしめるだけの大風のような雄々しい力が潜んでいる事も事実だった。

これは芥川龍之介の「あの頃の自分の事」（大正八年）の一節である。

「厳密な意味の言文一致を大成したのは武者小路氏だと言ってもいいやうな気がする。」これは佐藤春夫の「秋風一夕話」（大正十三年）の中に見られることばである。

右の短い引用においても、龍之介や春夫の見解が、それぞれの実感であったことは明らかであろう。本当に自由な、本当に卒直な表現を敢行したのが武者小路実篤だったのである。そして「自分に正直なもの。大好き、大好き。」という表現の中にも、『白樺』派の理念は明確に告げられているのである。『白樺』派というと、どうしても志賀直哉の表現にふれる必要を感じないわけにゆかない。高須芳次郎の所見も併せて紹介したい。

蜻蛉——志賀直哉

暑い。今年の暑さは不自然にさへ思はれる。庭の紫陽花《あぢさゐ》が木一杯に豊かにつけた美しい花をさも重さうに垂れて居る。八つ手は葉の指を一つ一つ上へつぼめて出来るだけ烈しい太陽の熱を受けまいとして居る。又八つ手の根本に植ゑられた鬼百合は真逆、これ程の暑さが来ようとは思はなかつたらう、ひよろひよろと四五尺も延びて、今はそれを後悔して居る。茎は蕾《つぼみ》の重みに堪へられず、蕾の尖つた先を陽炎の立ち昇る乾いた地面へつけて凝《ぢ》つとしてゐる。それは死にかかつた鳥のやうに見えた。

麦藁蜻蛉が来た。蜻蛉はカンカンに照りつけられた苔も何も着いてゐない飛石へとまつた。そして少時すると其暑さの中に満足らしく羽根を下げた。

自分は一ト月程前、庭先の濠《ほり》で蜻蛉の幼虫だらうと思ふ醜い虫が不器用に水の中に潜つて行く姿を見た。あの虫がからを脱けてかうして空中を飛んで来たのだと思つた。此暑さにもめげない蜻蛉の幸福が察せられた。蜻蛉は秋までの長くもない命を少しもあせらずに凝つとして暑さを楽しんで居る。凡そ十分もさうして居た。其処に今度は塩辛蜻蛉が飛んで来た。其黒い影が地面をたて横に走つた。すると今迄凝つと羽根をへの字なりにして居た麦藁蜻蛉が眼ばかりと云つていい頭をクリクリと動かした。と思ふと急に軽い速さを以て塩辛蜻蛉を眼がけて飛び立つた。塩辛蜻蛉は逃げる間がなかつた。空中で羽根と羽根の擦《す》れ合ふ乾いたやうな音がして、一寸一緒に落ちかかつた。が、直ぐと二疋はもう一つになつて居た。悠々と高く飛んで行く。その方にもくもくとしたまぶしい夏の雲があつた。蜻蛉は淡い点になつて暫く見えて居た。

「小品五つ」(大正六年)の冒頭に置かれた「蜻蛉」の全文である。この一文に対する高須芳次郎の「鑑賞」を、全文ではないが、ここに紹介する。正当な享受だからである。

氏の自然描写は、一字一句も動かすことが出来ぬ程に適確で、唯その外相を描くに留らないで、その核心にぴたりと触れている。例えば、蜻蛉を描いても、その形のみならず、その心に及んでいる。ひとり蜻蛉のみでない、鬼百合についても亦同様で、その擬人法によって、蜻蛉を生かし、鬼百合を生かした技巧の冴えは、ひとり、氏のみに見得るところだと思う。即ち鬼百合については『鬼百合は真逆これ程の暑さが来ようとは思はなかつたらう、ひよろひよろと四五尺も延びて、今はそれを後悔して居る』とある其の『後悔』の二字が生きている。（略）それから塩辛蜻蛉の飛んで来た姿を描いた筆力も冴えに冴えている。迫真の妙がそこに見られる。（略）また『もくもくとしたまぶしい夏の雲があつた。蜻蛉は淡い点になつて』とあるのも入神の筆にちかい。

ここから佐藤春夫の『美の世界』に目を転じたい。ただし古典はここでは取り上げない。

あらしおち海も林も灰いろの巣にこもりたる朝ぼらけかな　与謝野晶子

『美の世界』の冒頭に掲げられた歌である。この歌について佐藤春夫は次のように告げている。

「灰いろの巣にこもりたる」とは何というすばらしい表現であろうか。語らずしてよく伝えている。みな「巣にこもりたる」という一語の働きである。

春浅き水田の上の根なし雲　　碧梧桐

これは世に知られた碧梧桐の名句で、子規の編んだ選集『春夏秋冬』のなかにも選ばれていると聞く。田はまだ刈取られた稲の株ばかりをのこした冬景色であるが、そろそろうす氷もとけはじめて冬田のところどころに光が光るころとなり、日ざしやわらかくあたたかげに照らしている空には、ふんわりと浮びただよう雲が水田のうえに影をうつしているという純然たる風景画の、それも淡彩の水墨のような趣をそなえた純客観のそっけないようにドライな句であるが、それでいて、明確にとらえた形象のうちに早春のさわやかな風景と気分とを表現し得たところに近代の俳句らしい新鮮さがある。

こういう佐藤春夫の享受は、それ自身も新鮮である。「ふんわりと浮びただよう雲」という「根なし雲」の解釈も正確である。今度は詩を引く。

わが故郷に帰れる日
汽車は烈風の中を突き行けり。
ひとり車窓に目醒むれば
汽笛は闇に吠え叫び
火焔は平野を明るくせり。
まだ上州の山は見えずや。

萩原朔太郎「帰郷」断片

これは作者四十九歳の冬『妻と離別し、二児を抱へて故郷に帰る』と前書のある二十一行中、歌い出しの部分である。朔太郎にはめずらしく直叙体の抒情詩で、意味は一読明快、彼の詩としては異色であるが、彼は晩年こういう詩風を正しいと思うに到ったことは、その最後の詩集『氷島』の序によって明らかである。

（略）暁闇に叫びながら、火焔にあたりを見せつつ、寒風に突っ走る汽車を歌って、車中の沈痛な旅客のさびしさ、悲しさが、言外に深くつつまれている。

最後に、島崎藤村の詩を引く。日本の近代詩は、藤村の『若菜集』（明治三十年）に始まり、朔太郎の『青猫』（大正十二年）において頂点に達したのであった。ただし、春夫の取り上げているのは、第四詩文集『落梅集』（明治三十四年）の第一章「千曲川旅情の歌」の冒頭に置かれている「小諸なる古城のほとり」の第一聯六行中の後四行であるが、ここには、六行を引くこととする。

小諸なる古城のほとり
雲白く遊子悲しむ
緑なす蘩蔞《はこべ》は萌《も》えず
若草も藉《し》くによしなし
しろがねの衾《ふすま》の岡辺《おかべ》
日に溶けて淡雪流る

これは（略）雪国の早春をよく歌っていると思う。（略）「しろがねの衾の岡辺」といって残雪の厚く積もっているさまを写し、つづいて「日に溶けて淡雪流る」は、見たままの感じをすなおに歌って印象あざやかに美しい。

ことばの美しさは、それを享受するものの目の深さに依存するものであることは、改めて言うまでもない。ことばの美しさとは、その意味においては、客観的な存在ではない。しかし、あることばの記述は、誰の目にも同じように映る。そしてそこからある感銘を受ける、そのことばは永遠に同じ姿でわれわれの前に在る、その意義からは、客観的存在である。こういう主観的なるものと客観的なるものとの融和の瞬間、それが美的体験の本質なのである。

最後に、私自身が鑑賞を記した『世界の名詩』第七巻『佐藤春夫詩集』（昭和四十四年）から「少年の日」全四聯の第一・第三聯を引き、鑑賞の一部を添えて筆をおくこととする。

野ゆき山ゆき海辺ゆき
真《ま》ひるの丘べ花を藉《し》き
つぶら瞳の君ゆゑに
うれひは青し空よりも。

×

君が瞳はつぶらにて
君が心は知りがたし。
君をはなれて唯ひとり
月夜の海に石を投ぐ。

第一章は春です。野山に花は咲き満ち、海はのどかに、空は青いのですが、少年の心には君を思う「うれひ」があり続けます。「つぶら瞳の君ゆゑに」です。だが、その「うれひ」は、「うれひは青し空よりも」という、それ自体、遠く美しいものでした。

第三聯は、第一聯とならんで美しく、秋の「月夜の海」の印象は鮮明です。

引用だらけの一文となったが、ことばの美しさについて、いささかでも感得されるところがあれば満足である。

次の第五章は、詩的精神というものの解明に当てることとしたい。

第五章　詩的精神

明治十五年というと、今から百年も昔のことである。その年の八月、外山正一、矢田部良吉、井上哲次郎という気鋭の学者たちの手によって『新体詩抄』という書が刊行された。訳詩十四編と、創作詩五編とを内容とするものであったが、これが、日本における近代詩の発端であった。三人の学者が、なぜこういう本を作ったかということは、三人のそれぞれの序編に明らかである。それを要約すると、「平常の語」をもって、「連続したる思想」をうたい、もって新しい「明治の歌」を作ろうというのが意図であった。その意図の新鮮さには疑いの余地はなかったけれども、その訳詩ならびに創作詩には、未だ高い芸術性を見ることは出来なかった。

『新体詩抄』出づ。嘲笑は四方より起りき。而も此覚束《おぼつか》なき小冊子は、草間をくぐり流るゝ水の如く、何時の間にか山村の校舎にまで普及し、「われは官軍わが敵は」てふ没趣味の軍歌すら到る所の小学校生徒をして足並そろへ高唱せしめき。

これは、明治三十年四月に刊行された六人の共著『抒情詩』の序における国木田独歩のことばである。そこで小学生を喜ばせたと記された「われは官軍わが敵は」は外山正一の創作詩「抜刀隊」の冒頭である。もし、『新体詩抄』の意図の新鮮さを継承しつつ、そこに新しい美意識を加えた訳詩集『於《お》母《も》影《かげ》』が誕生しなかったとしたら、『新体詩抄』は遂に芸術とは無縁の、軍歌の祖となり終わったかも知れなかったのである。

明治二十二年八月、『新体詩抄』の刊行から満七年を経た時、『国民新聞』の「夏期附録」として世に出たのが、訳詩集『於母影』であった。十七編から成るこの訳詩集は、森鷗外を中心に、その妹の小金井喜美子、落合直文、市村瓚次《さんじ》郎《ろう》、井上通泰の五人の手に成ったものであったが、各編とも鷗外が目を通し手を加えた。そしてこの訳詩集は、二十年代初頭という早い時期において、西欧ロマン詩の香気を伝えて、わが詩壇に新風を吹き入れた最初のものとなったのであった。主としてドイツ詩をとりあげていたが、その抒情《じよじよう》の新鮮さは今日も消えない。ギヨウテ（ゲエテ）の「ミニヨンの歌」の第一聯を引く。

レモンの木は花さきくらき林の中に
こがね色したる柑子《かうじ》は枝もたわゝにみのり
青く晴れし空よりしづかに風吹き
ミルテの木はしづかにラウレルの木は高く
くもにそびえて立てる国をしるやかなたへ
君と共にゆかまし

ここで特に注目しなくてはならないことは、古典的用語と西欧的香気との諧調である。その諧調において『於母影』は、新体詩も芸術であることを明証したのである。しかし、そういう『於母影』が訳詩集であったという事実も無視できない。たとえどのような高度において国語に移されていたにしても、翻訳は翻訳である。鷗外という存在は、その内に詩的精神を持っていたことに疑いはないが、一詩人としてロマン的抒情の中に自己の存在理由を見た人ではなかった。彼は、詩をもその一部として内包したもっと大きな世界に身を置いた人であった。

ゴオテ（ゲエテ）は古人も言ひし如く詩人よりも寧ろ芸術家なり。（略）バイロンに至りては然らず、其詩は即ち神微なる自然の上に幻写せるバイロン自身也。卑猥《ひわい》なる人生を怒りて常に暴騰せる火煙なり、（略）故に其詩の如きも往々にして咄嗟《とっさ》の間に成り烹練《ほうれん》を積むことなかりき。（略）これを以て見るもバイロンは寧ろ詩人にして、芸術家の声誉は最も少なく荷《にな》ふ事を得べきなり。

これは北村透谷の「マンフレッド及びフオースト」の一節である。今右の一文中の「ゴオテ」を「鷗外」に、「バイロン」を「透谷」に置きかえて、「鷗外は詩人よりも寧ろ芸術家なり、透谷に至りては然らず。」とすると、そこに鷗外と透谷との対比がおのずから浮かび上がるであろう。日本における最初の純粋な詩人は、ほかならぬ北村透谷その人であった。透谷の短い一生は、近代的自我確立の戦いに費やされた。そして透谷における自我の確立とは、詩人の特権の認識と内的確立にほかならなかった。

瞬間の冥契とは何ぞ、インスピレーション是なり、この瞬間の冥契ある者をインスパイアドされたる詩人とは云ふなり、而して吾人は、真正なる理想家なる者はこのインスパイアドされたる詩人の外には、之なきを信ぜんとする者なり。

著名な「内部生命論」の一節である。「内部生命論」が同人誌『文学界』に掲げられたのは、明治二十六年五月、透谷が自らその命を断ち、二十七歳で世を去ったのは二十七年五月である。「インスパイアドされた詩人」に人間の典型を見いだし、そういう詩的精神に即して生きようとしたことが、透谷の生を破滅せしめたのである。この透谷にとって、「インスパイアドされた詩人」の典型であったのが、バイロンその人だったのである。

ここまでで、日本近代詩成立に、それぞれ不可欠であった前提三つが出そろったのである。

第一は『新体詩抄』の新鮮な意図、第二は『於母影』の美しい香気、そして第三は、透谷の内に燃え上がった詩的火煙である。

こういう前提の上に立って、始めて、日本の詩壇に生まれ出た詩集、それが島崎藤村の『若菜集』であった。明治三十年八月、五十一編の創作詩を集めて『若菜集』が刊行された時、藤村は二十六歳であった。長い冬の日の果てに、ようやくめぐり来たった人生の春、『若菜集』の生命は、青春の歓喜の声であった。力編「草枕」の終わりに近い二聯を引こう。

春きにけらし春よ春
まだ白雪の積れども
若菜の萌えて色青き
こゝちこそすれ砂の上《へ》に

春きにけらし春よ春
うれしや風に送られて
きたるらしとや思へばか

梅が香ぞする海の辺《べ》に

この『若菜集』の出現によって、確実にその展開の第一歩を踏み出したわが詩壇に、蒲原有明の象徴詩、北原白秋の異国情調詩、石川啄木の「喰ふべき詩」編等様々な新風が湧き上がった。それはまことに『若菜集』をもふくんだ『藤村詩集』（明治三七・九）の序において藤村の告げた通りであった。

遂に、新しき詩歌の時は来りぬ。
そはうつくしき曙のごとくなりき。あるものは古の予言者の如く叫び、あるものは西の詩人のごとくに呼ばはり、いづれも明光と新声と空想とに酔へるごとくなりき。（略）
誰か旧き生涯に安んぜむとするものぞ。おのがじし新しきを開かんと思へるぞ、若き人々のつとめなる。
生命は力なり。力は声なり。声は言葉なり。新しき言葉はすなはち新しき生涯なり。

「詩的精神」とは、すなわち、「新しき言葉」に即して「新しき生涯」を創造する念願にほかならない。

しかし、この『藤村詩集』の序において、自らの内なる詩的精神の高揚を告げた藤村が、『破戒』の刊行を期として、小説の世界に身を転じたのは、明治三十九年のことであった。『破戒』が、わが文壇に自然主義の盛り上がりの契機となったことは、周知の通りである。そういう四十年前後の詩壇は、第四詩集『有明集』(明治四一・一)によって、蒲原有明が詩壇の山頂に立った時期であった。日本近代詩の歴史の流れにおいて、『若菜集』につぐ第二の出発の合図は、この『有明集』によって告げられたのであった。ということは、藤村の詩的精神と有明のそれとは、明らかに次元を異にしていたということである。前者が総じて現実的であったのに対して、後者は象徴的であった。名作の一つを引く。冒頭に置かれた小曲である。

智慧の相者は我を見て

智慧の相者は我を見て今日し語らく、
汝《な》が眉目《まみ》ぞこは兆悪《さが》しく日曇《ひなぐも》る、
心弱くも人を恋ふおもひの空の
雲、疾風《はやち》、襲はぬさきに遁《のが》れよと、

噫《ああ》遁れよと、嫋《たを》やげる君がほとりを、
緑牧、草野の原のうねりより
なほ柔かき黒髪の綰《わがね》の波を、——
こを如何に君は聞き判《わ》きたまふらむ。

眼をし閉れば打続く沙《いさご》のはてを
黄昏に頸垂《うなだ》れてゆくもののかげ、
飢ゑてさまよふ獣かととがめたまはめ、

その影ぞ君を遁れてゆける身の

乾ける旅に一色の物憂き姿、――
よしさらば、香《にほひ》の渦輪、彩《あや》の嵐に。

この詩に歌われているものが、恋するものの霊と肉との争闘であることは言うまでもない。理性と感性との葛藤と言ってもいい。「智慧の相者」とは、自らの内なる理知の生動の表象にほかならない。人間にとって永遠の課題と言っていい霊肉の争闘、苦しい二者択一を前にして、結局、理性は感性の欲求の前に見すてられてゆくのである。「我」は、「よしさらば、香の渦輪、彩の嵐に」と決意する。しかし、もしその決断が不動のものであったとしたら、この一編にはある明るさが感得されていいはずである。そこに、この詩の享受のさまざまな可能性の生ずる契機を見ることができる。私見を述べると、私は「我」の「よしさらば」という決断は、やがてまた「汝が眉目ぞこは兆悪しく日曇る」という理性の批判を受けなければならない前提なのである。言いかえると、この詩は、その結末から冒頭へ、冒頭から結末へと、不断につながっているのである。だからこそ霊肉の争闘は人間にとって永遠の課題なのである。この詩は単なる享楽主義をうたったものではなく、永遠の課題の暗示でもあったのである。

有明詩の象徴主義をそこに見るべきである。と同時に、日本に移された象徴主義の限界というものが、自然に考えられてくるのである。

わたくしは漸く近ごろになつて、ヴァレリイを読んで、マラルメの理想を、少しばかり窺《うかが》ひ見るを得た。わたくしなどの到底入り込める境地ではないのである。そこでは情調はすべて結晶し、眼に見えぬ透明な翼の鎖を詩人の胸もとから肩先にかけて繫《つな》ぐかと見る間に、理想の天を詩人はただひとりで飛翔する。想像しただけでも呼息がつまるのである。

これは、昭和二十二年、既に七十歳に達した有明の「所懐二三」の一節である。『有明集』の刊行されたときは、有明は三十三歳であった。フランス象徴派を代表するマラルメの詩境すなわち詩的精神と、『有明集』の作者のそれとの落差は、右の所懐によって明確に告げられているのである。そういう落差を避け難いものにしたのは、単に有明の詩的精神の在り方にだけ由来するかというとそうではない。そこには、もっと大きな歴史的理由があった。今はそのことにくわしくふれる余地はないが、簡単に言うと、フランスにおいて盛り上がった象徴主義というものは、自然主義の全盛期を経て、そのリアリズムにおしつぶされようとした詩人が、最後の力をふりしぼって樹立した非現実的純粋言語の世界だったのである。

言葉の感覚的の形態とその思想への交換価値との間に、何かわからぬ神秘的結合、調和の如きものが存在し、それに拠って我々が言葉と行為との互いに応ずる世界とは全く異なった他の一世界に参与するという、強烈な而も或時間持続する印象を生ぜしめることでなくして、――何を我々は欲しようか。

（鈴木信太郎訳による）

これは、バレリーの「私は時おりマラルメに語った」の一節である。

こういう西欧象徴主義が、日本の詩壇に移入されたのは、明治三十年前後のことであり、それに詩壇の関心を集める最も有力な手がかりとなったのは、明治三十八年に刊行された上田敏の訳詩集『海潮音』であった。この三十八年は、島崎藤村の『破戒』の出現によって自然主義が急激な盛り上がりを示した三十九年の一年前である。

つまり、日本における象徴主義は、自然主義時代に先行してわが詩壇を動かしたのであった。フランスの場合とはその経路が逆である。ここにも日本の近代の特異なあわただしさの影が射している。そこに、わが象徴派の歴史的宿命があったのである。

有明の象徴主義的詩的精神が、その山頂に到達したとき、すなわち『有明集』の世に送られた明治四十一年は、既に自然主義の時代であった。有明に対する当代の評価は不当に冷たいものであった。しかし、有明の詩的精神は、二人の新人に、それぞれの形で継承された。二人とは、北原白秋と三木露風とである。明治四十二年三月、白秋の第一詩集『邪宗門』が刊行され、同年九月、露風の第二詩集『廃園』が刊行されたあたりから、いわゆる白露時代が始まるのである。有明の詩的精神を形成した観念的なものと官能的なもの、「智慧の相者」の指示する道と、「香の渦輪、彩の嵐に」立ち向かう道とを、それぞれに局面的に継承拡大したのが白秋と露風とであった。後者は白秋の道、前者は露風の道であった。そのことを、『邪宗門』と『廃園』との代表作を引いて明らかにしたい。しかし、ともにその一部に止める。

邪宗門秘曲

われは思ふ、末世の邪宗、切支丹でうすの魔法。
黒船の加比丹を、紅毛の不可思議国を、
色赤きびいどろを、匂鋭きあんじやべいいる、
南蛮の桟留縞《さんとめじま》を、はた、阿刺吉《あらき》、珍酡《ちんだ》の酒を。

×

いざさらばわれらに賜へ、幻惑の伴天連尊者、
百年を刹那に縮め、血の磔背《はりき》にし死すとも惜しからじ、
願ふは極秘、かの奇しき紅の夢、
善主麿、今日を祈に身も霊《たま》も薫《くゆ》りこがるる。

『邪宗門』の冒頭におかれた作品、全五聯の第一・第五聯である。「願ふは極秘、か

の奇しき紅の夢」――白秋の詩的精神の念願をここに見て誤りではない。

去りゆく五月の詩

われは見る。
廃園の奥、
折ふしの音なき花の散りかひ。
風のあゆみ、
静かなる午後の光に、
去りゆく優しき五月のうしろかげを。

空の色やはらかに青みわたり
夢深き樹には啼く、空しき鳥。

×

色青くきらめける蜻蛉《せいれい》ひとつ、
その瞳、ひたとたゞひたと瞻視《みつ》む。

ああ去りゆく五月よ、
われは見る汝《いまし》のうしろかげを。
今ははや色青き蜻蛉の瞳。
鬱金《うこん》の花。

「時」はゆく、真昼の水辺よりして――

『廃園』の七聯から成る作の、第一・第二・第六・第七聯である。* 「去りゆく五月」の「うしろかげ」を凝視する露風である。

白秋の冗語と露風のお壺口とは二人の致命傷であった。長所もここに在った。

これは大著『明治大正詩史』における日夏耿之介のことばである。大正期に入って詩壇の中央に立ったのは、白秋系の萩原朔太郎であった。朔太郎は、大正六年五月の『文章世界』に「三木露風一派の詩を追放せよ」という一文を掲げた。その前年の五年六月には、室生犀星とともに詩誌『感情』を創刊した朔太郎であった。

私の情緒は、激情といふ範疇に属しない。むしろそれはしづかな霊魂ののすたるぢやであり、かの春の夜に聴く横笛のひびきである。

これは、第二詩集『青猫』の自序の冒頭である。

最後に、谷崎潤一郎との間に「詩的精神」をめぐって論争を展開した、晩年の芥川龍之介のことばを引いて一応終わりとしたい。「では君の詩的精神とは何を指すのか」という谷崎への答である。「文芸的な、余りに文芸的な」第十二章（昭和二年）に収められている。

どう云ふ思想も文芸上の作品の中に盛られる以上、必ずこの詩的精神の浄火を通つて来なければならぬ。僕の言ふのはその浄火を如何に燃え立たせるかと云ふことである。それは或は半ば以上、天賦の才能によるものかも知れない。いや、精進の力などは存外効のないものであらう。しかしその浄火の熱の高低は直ちに或作品の価値の高低を定めるのである。

「詩的精神」とは、正に、詩人を詩人たらしめるに止まらず、文学を文学たらしめる「浄火」なのである。

＊正しくは七聯から成り、引用されているのは、第一・第二・第六・第七・第八聯。

第六章　古い芸術観と新しい芸術観

第二章で示したが、もう一度くりかえして「古い芸術観と新しい芸術観」について考えたい。

文学、ことに小説は、若い人々の心をゆがめ、堕落させる、——こういう考え方は、明治ないしそれ以前の頃ほどではないにしても、今でもある力を持っている。文学が人間の精神にとって有害なものであるという考え方は、決して日本に限ったものでもなければ、今日に限ったものでもない。こういう考え方の歴史をたどると、ギリシャの昔にまでさかのぼることができる。

紀元前四世紀、今から二千年もの昔、ギリシャにプラトンという哲学者がいた。プラトンは、世界中で一番早く芸術論を立てた人で、しばしば詩人兼哲学者と言われ、その著書は、今日、世界中の国語に翻訳されている。一例をあげると、岩波文庫にも、

「ソクラテスの弁明・クリトン」「ゴルギアス」「饗宴」「テアイテトス」「パイドロス」の五冊の訳書がある。これらを通しても、プラトンの芸術に対する理解の深さには驚かされる。そういう詩人兼哲学者プラトンが、大著『国家』の中で、人間の理想国家を考え、その理想国家からは、詩人、芸術家は追放すべきであるという激しい見解を示している。詩人兼哲学者がなぜ詩人を追放しなければならなかったか。このことは、文学・芸術を考える場合の一つの根拠となる。少しくわしく述べてみることとする。

プラトンの芸術否定の第一の理由は、哲学的見解によるものであった。

プラトンによると、本当に実在するもの、例えば机なら机というものは、たった一つしかない。そのたった一つの机というのは、神の造った机であるというのである。机というものは、無数にある。その数々の机を一つ一つ見てゆくと、机というものが椅子《いす》ともちがい寝台ともちがうこと、一般に机以外のものと机と区別する、机にだけあてはまる共通の性格というものが、次第にわれわれにわかってくる。そうするとわれわれは、机というものに必ずなければならないこの共通の性格をもととして、それに当てはまるものを机だと判断するようになる。この、机を机として成立させる共通の性質を、普通、概念という。概念とは、個々のさまざまな机からその基本的な性質を抽《ひ》き出して形造られる抽象的なものなのである。そしてこの机の抽象概念は、すべての机に当てはまるとともにたった一つしかあり得ない。つまりたった一つにまで抽象されたものが概念なのである。「山とは何か?」そういって、静かに目をとじてみる。われわれの頭には、いろいろな山の姿が浮かぶにちがいない。そして最後に一つの山が残るはずである。そのたった一つの山は、どこの山でもないかわりに、すべての山でもある。それが山の概念なのである。プラトンは、これを、神の造ったたった一つの本当の実在だというのである。いわゆる概念に近い、しかし概念を越えた実在の原型としてのイデア、これがプラトンの思考の根源だったのである。今、職人が机を作っているとする。その時彼は、神の造った机をたよりに、それをまねて造るほかはない。彼は時によって大きいのや、高いのや低いのや、いろいろの机を造るであろう。然し、いつでも彼は、たった一つの神の机をまねているのである。こうして出来上がるのが現実の机なのである。したがって一切の現実の机は、神の机、唯一の実在の影である。ところが今度は、一人の画家が、現実の机を絵にかいたとする。紙や布の上に描かれた机は、現実の机を写したもの、すなわち、現実の机の影にほかならない。一般に芸術家が、色によったり、音によったり、文字によったりして描き出すものは、すべて、現実の影である。真実の存在、神の作った唯一のものの影である現実の、その又影――それが芸術である。実在の影の影しか描けない詩人・芸術家というものは、もともと理想国家に住む資格を持たないものである。これが、プラトンの芸術否定の第一の理由であった。

第二の理由は、道徳に基づいて考えられた理由であった。

プラトンによれば、人間の心の最高の働きは理知である。それに比較すると、人間の感情とか感覚とかいうものは、はるかに次元の低い働きである。たとえば、人間がある不幸にぶつかったとする。すると、理知はこんな風に人間に告げる。すでに起こった不幸は、それを嘆き悲しんだところで、どうなるものでもない。むしろ、どうすればその不幸を乗り越えることが出来るかを考えるべきである。さらに、その不幸が、果たして本当の不幸なのか、逆に幸福につながるものなのかは、人間には不可解である。ある不幸を不幸として頭から決めてしまって、単に嘆き悲しむというのは、人間にとって決して正しい、聡明な態度ではない。理知はこういう風にわれわれに教える。

ところが感情の方は、多くの場合、決してこの理知の指示に従おうとしない。理知が悲しむなと命じても悲しみ、怒るなと命じてもかんかんに怒る。だから、こういう感情に従って、それにすがって生活する人間は、どうしても、正しい生活、すなわち道徳的な生活をおくることが出来なくなるわけである。そして芸術とは、常に、そういう人間の感覚や感情に訴えるものである。だから芸術は、自然に、理性に反したもの、道徳的でないものを描くことになりがちなのである。特に文学は、聖人君子ばかりを決して描かない。むしろ、欲望とか、執着とか、敵意とか、そういうものにとらえられた人間を描くことによって、読者の感情を強くゆさぶろうとする。つまり、芸術はその本質として人間の感情に訴え、そのためにしばしば不道徳なものを描く。だから芸術は、否定すべきであり、詩人は理想国家から追放さるべきであるとプラトンは言うのである。

第三の理由は、心理的な理由である。

たとえば、ある演劇を見るとする。その劇には、悲しんでいる人物や喜んでいる人物が登場する。すると、それを見物している人々は、悲しむ人物とともに悲しみ、喜ぶ人物とともに喜ぶということになる。登場人物に同情し同感することが、演劇鑑賞にほかならない。文学の場合も本質的にかわりはない。ところが、毎度そういう体験を繰り返していると、人間の心からは次第に平静が失われてゆく。道徳的生活にとって一番大切な心情は、平静・中庸であるとすると、自分の感情がものにふれ、事に従って激しく動くような習慣を身につけることは、人間にとって決して有意義なことではない。だから芸術は有害であり、詩劇の作者は追放さるべきであるとプラトンは説くのである。

これを要約すると、芸術に描出されたものは真実ではなく、不道徳であり、人を感情的にするというのが、プラトンの芸術否定であった。こういうプラトンの芸術否定は、二千年も昔に提示されたものであったが、その後長く生き続け、今日においても、ある生命を保っている。一切の芸術否定の不動の地盤をここに見て誤りではない。

そういう古い芸術観に真向から反撥し、芸術とは完全な創造であり、詩人とは人間そのものの典型であるという新しい芸術観を主張したのは、ドイツの思想家フリードリッヒ・ニイチェであった。一八四四年に生まれ一九〇〇年に没したニイチェは、丁度十九世紀後半を生きたのであったが、この時期は、正に西欧における文化全般の革新期であった。そういうニイチェの新しい芸術観を継承して、明確にプラトンとの対決を示したのは、イギリスの作家オスカア・ワイルドであった。分りやすい点からワイルドにおいて、新しい芸術観を考えることとしよう。

ワイルドは、有名な作品「ドリアン・グレイの画像」(一八九一)の自序の中で、次のように語っている。全体として短文である。自序の冒頭・結末の部分を引く。

第一にワイルドは、芸術家を定義して次のように言う。

芸術家とはさまざまの美しきものを創造する人である。

第二に、彼は書物についてこう述べている。

およそ、道徳的な書とか不道徳な書などというようなものはあり得ない。書物はよく書かれているか、まずく書かれているかだ。それだけだ。

第三に、芸術について次のように断定している。

あらゆる芸術は全く無用のものである。

この三つのことばを、プラトンの芸術否定の三つの理由と対比するとき、両者の考え方が完全にあべこべであることが明らかとなるであろう。

第一の対立は、プラトンが実在の影の影だと考えた芸術を、ワイルドは創造された美であるというのである。この点についてはもう少し付言したい。

芸術は決して自然の模倣ではない。寧ろ自然が芸術の模倣である。

これはワイルドの評論集「インテンションズ」(一八九一)に見られることばである。ワイルドによれば、霧深きロンドンの風景の美は、近代画家によってそれが描かれた後に、それをまねて出現したものであった。ロンドンの霧に限らない。画家が美しい風景画を描くと、その絵に描かれたような美がその自然の中に現われるというこの考え方は、まさしくプラトンの模倣説のあべこべである。そしてそこから、芸術家そのものに対する、等しく極端な対立が生じる。プラトンにとって芸術家とは、実在の影の影を写す技術者であったのに対して、ワイルドの芸術家とは、真の創造者となるのである。

第二の対立は、善と美とのそれである。古い芸術観においては、芸術は道徳的な価値を内包しなければならなかった。新しい芸術観においては、美しいものであればよかった。道徳のための芸術から、美のための芸術へという展開であった。

第三の対立は、芸術が、実際の人生に役立つかどうかについてであった。プラトンによれば、芸術は人間精神を乱す有害なものであった。それに対してワイルドは、「芸術は全く無用のもの」と言う。実際に役立つかどうかという立場から芸術の価値を決めようとすることはもともと意味のないことであるというのがワイルドの考え方だったのである。

こういう古い芸術観と新しい芸術観との対立を一つの生命にまとめあげ、より高い次元の第三の芸術観を造り上げることは、いわば永遠の課題である。そこを目指して、日本の近代においても様々な試見が提示され続けたけれども、いずれも完全なものとなることはできなかったのである。このことは日本の場合に限らない。だからこそ永遠の課題なのである。一、二著名な試見を引いて、日本の近代文学にも、この問題が大きく投影していたことを暗示しておこう。

君はワイルドの言葉を知つて居るだらう。——“Vice and virtue are to the artist materials of his art.”と云ふ事を。——ところが僕はそれよりもモッと進んだ意見を持つて居るんだ。つまり、“Vice”を材料にしたのでなければ、決して優秀な文学は出来ないと云ふんだ。（中略）換言すれば『美』は『善』よりも余計『悪』と一致する。——ねえ君、それに違ひないだらう。

これは、谷崎潤一郎の作品「饒太郎」（大正三年九月）の一節である。こういう谷崎潤一郎を文壇に送り出した有力な存在は、永井荷風であったが、その荷風の文学にも、新しい芸術観は強くその影を落としていた。「新橋夜話」（大正元年十一月）に収められた「見果てぬ夢」の一部を引こう。

彼が十年一日の如く花柳界に出入する元気があつたのも、つまりは花柳界の不正暗黒の巷であることを熟知してゐたからで。……公明なる社会の詐欺的活動に対する義憤は、彼をして最初から不正暗黒として知られた他の一方に馳せ赴かした唯一の力であつた。つまり彼は真白だと称する壁の上に汚い様々な汚点を見るよりも、投棄てられた襤褸《ぼろ》の片に美しい縫取《ぬひ》りの残りを発見して喜ぶのだ。

こういう荷風文学が、もともと理想や道徳とは背反したものであったことは当然であろう。ここにも、ワイルド系の新しい芸術観がニヒリスティックな形で浮び上がらずにはいないであろう。

次に、谷崎潤一郎の後輩で、この先輩から重大な文学への開眼を与えられた芥川龍之介のことばを聞こう。「芸術その他」(大正八年十一月)の第一章と第十二章の全文である。

芸術家は何よりも作品の完成を期せねばならぬ。さもなければ、芸術に奉仕する事が無意味になつてしまふだらう。たとひ人道的感激にしても、それだけを求めるなら、単に説教を聞く事からも得られる筈だ。芸術に奉仕する以上、僕等の作品の与へるものは、何よりもまづ芸術的感激でなければならぬ。それには唯僕等が作品の完成を期するより外に途はないのだ。

芸術家は非凡な作品を作る為に、魂を悪魔へ売渡す事も、時と場合ではやり兼ねない。これは勿論僕もやり兼ねないと云ふ意味だ。僕より造作なくやりさうな人もゐるが。

「造作なくやりさうな人」の典型は、ほかならぬ谷崎潤一郎であった。直接ワイルドからというのではないが、ワイルドにも明らかな西欧十九世紀の新しい芸術観は、こういう形で、日本の近代文学にもさまざまな影響を与えたのであった。近代耽美《たんび》派と呼ばれる流れは、最もそれに近接した作風を示して、明治末から大正初年にかけて、文壇の主流となった。しかし、そういう傾向に対して、激しい反撥の生じたことも事実であった。

殊に最近文壇の実状に照らして見ても、これまで比較的真面目な作家、比較的芸術家らしい作家として認められてゐた人々が、一面『遊蕩《ゆうとう》文学』的作家として、その節操を二三にしつつある事実が現はれてゐる。これは素《もと》より彼等の有する芸術的良心の脆弱《ぜいじゃく》なことや、芸術的才分の貧弱なことにも由るであらうが、その原因の一半は、慥《たし》かに生活上の経済的圧迫に強ひられて、むしろ一般の好尚に迎合すべく、通俗的方面に最後の活路を見出さうとするところにあらう。この事実などは明らかに『遊蕩文学』の悪影響を立証するものであつて、善芸術の健全なる発達と繁栄とを祈念するものにとつては、軽々しく看過しがたい重大問題である。この意味に於いて、文壇に於ける『遊蕩文学』の存在は、恰《あたか》も『獅子身中の虫』といふべきものである。

これは、大正五年八月、読売新聞に掲げられて大きな反響を呼んだ、赤木桁平の「『遊蕩文学』の撲滅」の一節である。この一文で赤木桁平が、撲滅の対象としてその名前を挙げているのは、長田幹彦、吉井勇、久保田万太郎、後藤末雄、近松秋江等であって、荷風も潤一郎もその名は記されていない。しかし、この一文の反響は、耽美派全体にも及んで、文壇はやがて『白樺』派の時代へと移っていったのである。その『白樺』派の時代も、大正八年前後で終わり、大正後半期の新しい文学が、異常な多様性と多彩性とをもって文壇をおおうことになる。後で「近代文学の展開」という主題をとりあげ、そこでそういうことに直接ふれることにするが、ここでは、大正後半期文学の最大の星であった芥川龍之介のことばを、もう一つ引いておく。

彼等を一括して、彼等以前の諸作家と比較すると、こんな特色がありはしないかと思ふ。と云ふのは彼等が全体として、意識的に或は無意識的に、自然主義以来代る〲日本の文壇に君臨した、「真」と「美」と「善」との三つの理想を調和しやうとしてゐる事である。勿論彼等はその個性の赴く所に従つて、三つの理想のいづれの上に、力点を置くかの差はあるかも知れない。(中略)が、概して云へば、彼等は是等三つの理想のいづれに対しても冷淡ではない。(中略)この綜合的傾向を雄弁に語つてゐるものは、一に彼等の取材の多方面な事であり、二に彼等の技巧の変化に富んでゐる事であらうと思ふ。これが此処二三年来の文壇を支配するやうになつた、五六の作家が代表する最も新しい勢力である。

これは、大正八年十二月に発表された「大正八年度の文芸界」の一節である。芥川がここで「真」と「美」と「善」との三つの理想をこの順序で掲げているのは、文壇の現象が、自然主義から耽美主義へ、耽美主義から『白樺』派の人道主義へと展開したことを指示しているのである。右において芥川が〔書いている〕、文壇の「最も新しい勢力」を形造っている「五六の作家」とは、有島武郎・里見弴・広津和郎・葛西善蔵・菊池寛・久米正雄の六名である。有島と里見とは『白樺』派である。そして広津と葛西とは、『奇蹟』という同人雑誌から文壇に登場した早稲田派である。自然主義と最も深いつながりを持っていたのがこの人々であった。最後の二人菊池と久米とは、第四次『新思潮』の同人である。漱石とのつながりを持つと同時に、谷崎とも関連を持った人々であった。ここですぐ気付かなくてはならないことは、この六人の新人には、一人是非加えなければならない名前が落ちていることである。言うまでもなく、筆者芥川龍之介の名である。芥川もまた『新思潮』の同人であった。

大正後半期文学が、今までにない個性の文学であり、「真・美・善」の何等かの調和を目指したものであったことは、芥川の明確な指摘の通りであるけれども、それでは、どういう調和、止揚が可能であったか。様々な傾向ではなく、一つに融和した、より次元の高いどういうイデアが生まれたか。

私は先にそのことに関して「永遠の課題」といった。何人にも解決の不可能な課題であるとともに、何人にも無視出来ない課題を意味したのである。

第七章　日本の近代

日本の近代文学を本当に理解するためには、日本の近代そのものの特殊性を理解しておかなくてはならない。このことが、今日においても、依然としてあいまいなままにされていることは、まことに遺憾である。

例えば、日本の近代文学全体をつつむある暗さは、どこに由来するか。それはもちろん作家その人の暗さに由来する。しかし、作家その人の生の暗さは、やはり日本の近代そのものの暗さに由来することも否定できない事実である。夏目漱石が「それから」の主人公の口を通して告げている、次のような嘆きがある。著名な一節を引く。

日本は西洋から借金でもしなければ、到底立ち行かない国だ。それでゐて、一等国を以て任じてゐる。さうして、無理にも一等国の仲間入をしやうとする。だから、あらゆる方面に向つて、奥行を削つて、一等国丈の間口を張つちまつた。なまじい張れるから、なほ悲惨なものだ。牛と競争をする蛙と同じ事で、もう君、腹が裂けるよ。其影響はみんな我々個人の上に反射してゐるから見給へ。斯《か》う西洋の圧迫を受けてゐる国民は、頭に余裕がないから、碌《ろく》な仕事は出来ない。悉く切り詰めた教育で、さうして目の廻る程こき使はれるから、揃つて神経衰弱になつちまふ。話をして見給へ大抵は馬鹿だから。自分の事と、自分の今日の、只今の事より外に、何も考へてやしない。考へられない程疲労してゐるんだから仕方がない。精神の困憊《こんばい》と、身体の衰弱とは不幸にして伴なつてゐる。のみならず、道徳の敗退も一所に来てゐる。日本国中何所を見渡したつて、輝いてる断面は一寸四方も無いぢやないか。悉く暗黒だ。

漱石がこういう切実な不満と不安とを訴えたのは、明治四十二年のことであった。今日のわれわれにも強い共感を呼ぶこの「それから」の主人公長井代助のことばは、やがて、中一年おいて明治四十四年夏、和歌山での講演「現代日本の開化」における、漱石自身のより体系的な主張に直結するものであった。この講演において漱石は、現代日本の開化はことごとく「外発的」である、そういう「外発的」な開化の中に生きる日本人は悲惨である、しかもそこから抜け出す道はない、という当時としては随分激しい訴えを、一般聴衆に告げたのであった。時に日本は、日露戦勝による世界一等国の幻《まぼろし》に酔っていた。そして現在の日本は、経済大国の幻につかれている。

漱石文学の暗さの由来する根拠をここに見ることができる。と同時に、漱石のいわゆる「外発的」開化、自己の内なる力の自然の発展としてではなく、他者の外なる力に強いられた不自然な開化を、その奥で不可避なものとした歴史的理由も、考えないわけにはゆかない。近代日本の歴史的特殊性ないし宿命がそこに浮かばずにはいないのである。

衆知の通り、日本の長い封建時代においては、日本は二つの異質な力によって支配され続けたのであった。このことは、幕末に日本に来た西欧人の目には特に明らかに映ったようである。既に、帝国主義的段階に入った国々から渡来した人々は、幕末の日本について様々な記録を残しているが、それらに共通する一つの指摘は、日本はミカドと大君とによる二重統治国家であるということであった。例えば、後に初代英国公使となったラザフォード・オールコックは、大著『大君の都』にそのことを明記している。京都のミカドは、明らかに日本における精神的権威であり、江戸の大君すなわち将軍は、政治的権力であった。そのミカドと大君との二重統治が、ミカドの手によって一元化されたところに、明治維新という改革があったわけである。この明治維新によって、権力は権威に包括されたのであった。このときから、日本の近代化が始まったのであるが、この日本に於ける近代国家形成のプロセスは、西欧諸国の場合と大きな相違を示したものであった。

西欧の近代国家は、宗教改革に続いて十六世紀から十七世紀にかけて起った長い宗教戦争の只中から、その形成の歩みを始めたのであった。神をめぐる果てしない戦争は、やがて次第に、革新各派に、自己の力によって唯一の政治統括を行なうことの不可能であることをさとらしめた。ローマ教会の西欧における統一的支配は、プロテスタントの蜂起によってくつがえった。しかし、プロテスタントのルター派も、カルバン派も、いずれもそれにかわる統一支配力となることは出来なかった。そこから、次第に、民族的国家権力が並存し始めた。そこに近代国家への道が開けたのであった。そういう経過の中で、王権神授説をふりかざして自己の支配権力に神的権威を重ねようとした絶対君主も出現した。例えばイギリスのジェイムス一世などがそうであったが、これも結局は、烈しい民衆の抵抗によって、次第にその支配力を、外面的権力だけに限ることとなり、その権力もまた、時の流れとともに公的秩序の保持という方向に次第に限定されていったのであった。

カアル・シュミットというドイツの法学者は、西欧近代国家の理念を「中性国家」ということばで提示しているが、それは、真・善・美という内面的価値は個人の良心にゆだねて、国家権力はこれに介入しないという性格を指したものである。そこでは、必然的に、国家権力は純粋に外面的ないし形式的な法機構となるわけである。別のことばでいうと、公的なるものと私的なるものとを明確に区分し、その相互媒介ないし調和において国家組織を考えたのがシュミットの「中性国家」だったのである。こう考えると、西欧近代国家の形成の過程は、かつて一体であった権威と権力とが、私的権威と公的権力とに区分されるという経路をとったと見ることができよう。それは、かつて分離されていた権威と権力とが権威によって一元化された日本の場合とは全く逆の形である。昔の日本を支配した二つの力が、シュミットのいう公的なるもの、私的なるものと全く質のちがうものであることは、ミカドの権威と私的権威との対比において、疑う余地はない。これで、日本の近代の特殊性の骨組はほぼ明らかになったと思うが、それに加えてもう一つ、是非言わなくてはならない事がある。それは、日本の近代化のあわただしさである。

西欧において二世紀ないしそれ以上の時を要した近代国家形成を、日本は、短く見ると三十年、長くみても四十年で一応完了したのである。日清戦後の日本は既に台湾という植民地を持った国となり、日露戦後の日本は、明治四十三年に朝鮮を合併した「一等国」であった。つまり、日本の近代化は、どうみても西欧の場合に比較して約五分の一ほどの短時日においておし進められたのである。それはそれで誠に見事であった。アジア諸国において、自国の独立をいささかも傷つけることなく、その近代化をこれほど鮮かになしとげた国は日本以外に全くなかった。しかし、そのあわただしさが、日本の近代にさまざまな暗影を投げかけたことも事実であった。

漱石が、先にもふれた「現代日本の開化」の末尾において、現代日本の開化の外発性を内発性に、不自然を自然にかえす方法は唯一つある、それは西欧人のエネルギーの何倍かのエネルギーを日本人の一人一人が発揮することであると告げた。しかしそんなことをしたらどうなるか。日本人は全部神経衰弱におちいる。「気息奄々《えんえん》として今や路傍に呻吟しつつあるは必然の結果」と漱石は言っている。こういう明治日本のあわただしさを、資本主義体制の展開からいうと、重商主義時代から自由主義時代を飛びこえて、一挙に帝国主義時代に突入した日本であった。この自由主義時代の欠除こそ、近代日本の一切の文化的暗さの根元であった。それは、近代的自我、自我の内面的価値の本当の確立の時を、日本人は持ち得なかったということである。このことは、先に記した日本近代化の経路の特殊性とも深く結びついたものであった。

明治という時代においては、近代的自我すなわち私的なるものは、それ自体としては決して認められなかったばかりでなく、国家的なるもの、公的なるものと分離した形において私的なるものを認めることの必要性――実はそこにこそ近代的自我確立の根があるのであるが――すら一般には理解されなかったのである。この点にふれだすときりがないので、一二その実例をあげるに止める。

明治十年代の自由民権運動の指導者の一人に河野広中という人物があった。その自伝『河野磐州伝』の中で、自己の内に新しい思想が芽生えたときのことを次のように告げている。

馬上ながら之を読むに及んで是までの漢学、国学にて養はれ動《やや》もすれば攘夷を唱へた従来の思想が一朝にして大革命を起し、忠孝の道位を除いただけで、従来持つてゐた思想が木葉微塵の如く打壊《くだ》かるると同時に人の自由、人の権利の重んずべきを知つた。

広中に思想の大革命をもたらしたものは、ミルの『自由論』（一八五九）であった。しかし、右の告白は、明らかに一つの矛盾をふくんでいる。それが思想の大革命であるためには、明治日本においてまず克服されなければならないものは、何よりも「忠孝の道位」であるべきである。それを「忠孝の道位を除いただけで」と記してそこに少しも疑いを生じなかったということは、広中が「人の自由」を本当に理解してはいなかったということである。

明治二十三年に発布された教育勅語においては、日本における一切の内的価値は「これ我が国体の精華」と告げられていた。もし真の近代国家であったら、もともと私の、個の内に、それぞれの良心にゆだねられてあるべき真・善・美一切の内的価値、学問・道徳・芸術等のすべてが、要するに大日本帝国の「国体の精華」であるとしたら、そういう日本においては、個の自主的判断は不要である。なぜなら、一切の内的価値の判断は国家自体がこれを断定し、布告すればよいからである。

第二次大戦中に公布された「臣民の道」の中に、「我等の私生活と呼ぶものも、ひっきやうこれ臣民の道の実践であり、（略）公の意義を有するものである。」という訓辞のあったことも付記しておこう。これも決して戦時の特殊な指示ではなく、在来のモラルの再確認であった。

こういう状況を、第二次大戦の終わりまで続けたのが、近代日本だったのである。日本人の自我意識のあいまいさの根は、歴史的に深いといわなければならない。個の自由の認識のあいまいさも、ここに由来することに疑問の余地はない。

以上、二点に要約して記した日本の近代の特殊性は、そこから様々な暗い現象を生み続けたのである。先に挙げた漱石の「それから」の主人公の嘆きもそこに由来した。ここでもう一つ、主人公代助とその義姉との会話の一節を引こう。何気ない表現の底に、明治開化を凝視《ぎょうし》した漱石の目の鋭さが感じられるからである。

「一体今日は何を叱られたんです」

「何を叱られたんだか、あんまり要領を得ない。然し御父さんの国家社会の為に尽すには驚ろいた。何でも十八の年から今日迄のべつに尽してゐるんだつてね」

「それだから、あの位に御成りになつたんぢやありませんか」

「国家社会の為に尽して、金が御父さん位儲かるなら、僕も尽しても好い」


公的なるものが常に私的なるものを規制すると、逆に私的なるものが公的なるものに食い入らずにはいないのは当然である。この現象は現在の日本にも、いかんながらしばしば見受けられる。

文学、ことに近代文学は、何よりも人間の表現である。そして人間は常に、特定の時と所に生きる存在である。わが近代文学、ことに小説の描き出した人間像に、如上の日本近代の特殊性すなわち歴史的宿命が、それぞれの形において色濃くつきまとっているのは、自然のことであった。文学のリアリティとは、単にその手法が写実的であるとかないとかいうことより以前に、それが、人間の歴史的宿命の表現であるかどうかという点で考えられるべきである。

漱石が自然派の人々から、「拵《こしら》へもの」の作者として攻撃され続けたことは、よく知られている。しかし、その漱石の「拵へもの」の上に、明治日本の歴史的宿命の影は色濃く反映していた。そしてそこに漱石文学のリアリティないし生命のあったことも明らかである。このことは、文壇的立場の相違とは別に、それが真の作家である限り、誰の場合も同じである。少なくとも自我意識にある目ざめを感じることのできた近代作家の場合は、皆そうである。

田山花袋は、その出世作「蒲団《ふとん》」（明治四十年）の主人公を次のように描いている。主人公竹中時雄は、花袋の分身である。

自然の最奥に秘める暗黒なる力に対する厭世の情は今彼の胸をむらむらとして襲つた。

ここに示された「暗黒なる力」に、わが近代の歴史的宿命の影を認めて誤りではない。

同じ自然派の島崎藤村は、その自伝的作品「春」（明治四十一年）の主人公に、「ああ、自分のやうなものでも、どうかして生きたい」という嘆きを繰り返させている。

自然派の目の上のこぶの一人森鷗外は、「文芸の主義」（明治四十四年）という一文において、次のように断言している。そう断言せざるを得なかった鷗外の心情にも、歴史的宿命の影は生動していたにちがいない。

学問の自由研究と芸術の自由発展とを妨げる国は栄える筈がない。

こういう明治期を受けた大正期は、次第に自我の認識が深まり、それだけにある明るさを持つに到った時期であった。耽美派・白樺派、さらに新現実派とも新技巧派とも呼ばれた大正後半期文学が、そのことをわれわれに告げている。しかし、そういう大正文学にも、歴史的宿命の影は依然としてつきまとっていた。

特に明るい心境を保ち続けた武者小路実篤は、自分を「世間知らず」（大正元年）と言わなければならなかった。明るい人間が「世間知らず」であるほかはないということは、世間が暗いということである。大正後半期文学の星であった芥川龍之介は、自らの生をかえりみて「或阿呆の一生」（昭和二年）と言わなければならなかった。この遺稿の第五章「我」の全文を引く。

五　我

彼は彼の先輩と一しよに或カツフエの卓子《テーブル》に向ひ、絶えず巻煙草をふかしてゐた。彼は余り口をきかなかつた。が、彼の先輩の言葉には熱心に耳を傾けてゐた。

「けふは半日自動車に乗つてゐた。」

「何か用があつたのですか？」

彼の先輩は頬杖をしたまま、極めて無造作に返事をした。

「何、唯乗つてゐたかつたから。」

その言葉は彼の知らない世界へ、——神々に近い「我」の世界へ彼自身を解放した。彼は何か痛みを感じた。が、同時に又歓びも感じた。

そのカツフエは極く小さかつた。しかしパンの神の額の下には赭い鉢に植ゑたゴムの樹が一本、肉の厚い葉をだらりと垂らしてゐた。

ここに描出された先輩が、谷崎潤一郎であることは、「文芸的な、余りに文芸的な」（昭和二年）において明らかにされている。ちょうど大学に入学したばかりの芥川は、「何、唯乗つてゐたかつたから。」という先輩のことばによって、「神々に近い『我』の世界」への開眼を果たしたのであったが、そこに歓びを感じたと同時に、「何か痛みを感じた」ことを告げている。大正期においても未だ「我」の解放の果たされていない日本であったと考えざるを得ないではないか。

こういう日本の近代の特殊性と、それをそれぞれの形で反映しているわが近代文学のリアリティ、それを正しくはっきり理解することは、すなわち、現在の日本、現在の自己の認識と批判とにつながることは言うまでもないであろう。そしてそれこそが、一切のインタレスト、学ぼうとする意欲の正しい出発点であるはずである。

読者たちに告げたい。自己を凝視せよ。そこに何があるか。レジャー時代の波に乗っていい気になっている人たちに聞きたい。あなたがたは、自由の時の恐ろしさを知っているか、と。

われわれの悲惨を慰めてくれる唯一のものは、気ばらしである。とはいえ、それこそ、われわれの悲惨のうちでの最大の悲惨である。なぜなら、われわれに自己自身のことを考えないようにさせ、われわれを知らず知らずのうちに滅びにいたらせるものは、主としてそれであるからである。

これは、パスカルの『パンセ』の第一七一章「悲惨」の冒頭である。自由の時の恐ろしさについてパスカルがこのように説いたのは、今から三百年昔のことであるけれども、現在の日本においては、未だにこういう考え方は一般に理解されてはいないと思う。ここにも、自由主義時代の欠除の暗影を見なくてはならない。

われわれは、今こそ、近代的自我を自らの内に確立しなければならない。そのことこそが、日本の近代のひずみを根本から立て直す道なのである。漱石のいう外発的を内発的に——そこにこそ現代日本に課せられた最大の問題点があるのである。

年若い方々が、よく読み、よく学ぶことによって、この問題を一歩一歩解決に近づけることを、私は心から念じたい。

第八章　近代的自我

近代的自我とは何か。それは、近代精神に即して生きる個々の自我である。

それでは近代精神とは何か。先ずそれを明らかにしなくてはならない。

近代精神ということばは、さまざまな意味を内にふくんだ、非常に幅の広い概念である。それだけに、その中核をなすものの認識があいまいであると、全体があいまいなものとなり勝ちである。そういう近代精神の中核をなすものは、次の三本の柱である。

第一――宗教的絶対権威の否定
第二――自然の科学的認識
第三――人間の自由と平等の実現

この三点について、多少の解説を加えておこう。この三点が、それぞれ孤立したものでなく、相互に深いつながりを持つものであることは言うまでもないであろう。したがって第一の主張は自然に第二につながり、第二の主張もまた自然に第三につながる。あるいはその順を逆にして関連を考えることもできる。

第一の宗教的絶対権威の否定については、前回においてふれたので、ここでは少し視点をかえて、簡略に記すこととする。

西欧にルネサンスの運動が生じたのは、十四世紀末のイタリアにおいてであったが、それが次第に、西欧全体をつつむ時流となり、やがて中世から近代への一つの転機となったのは、十六世紀においてであった。ルネサンスは、一般に「文芸復興」と呼ばれているが、それが単にギリシャ・ローマの古き文芸ないし文化の復活を願ったものではなかったこと、むしろ、ローマ教会の絶対的権威に立ちむかうためにそれらを活用したものであったことを見落としてはならない。ルネサンスということばは、もと「再生」を意味していた。ルネサンス運動の本当の目的は、自己の人間的再生、自己の人間性の革新にあった。ダンテ（一二六五—一三二一）の「新生」は、明らかにそのことを告げていた。新しい人間性の探求と確立の必要が、そこで強く告げられている主題であった。そういう流れの中で、しばしば「最初の近代人」と呼ばれたイタリアの詩人ペトラルカ（一三〇四―七四）は、次のようなことばを残している。

ひとは各々その容貌・身振・声・言葉に、何か個人的な特殊なものをもっている。これを変更するよりも、これを育成することが容易であるばかりでなく、それはまた必要で、善い考えである。

こういう立場は、言うまでもなく、ヒューマニズムである。謙遜や節制や禁欲を掟《おきて》とした中世的人間とは反対に、自己の個性に何よりの価値を認め、これを強く大きくすることに生の意義を認めようとする態度である。こういうヒューマニストが、強大な個性であろうとすると同時に、広範な人間でもあろうと願ったのも当然であった。ペトラルカは、単に詩人であるに止まらず、歴史家でもあり地理学者でもあり、さらには美術や音楽の愛好者でもあった。ここから目を日本の近代に移そう。それは、西欧近代化の経路を、その五分の一以上の短期においておし進めた日本の近代であった。しかし、その中にも、当然、中世的圧力への反抗、言いかえると宗教的絶対権威の否定のあったことを考えたい。そのことの暗示として、日本の近代人の一典型であった、福沢諭吉のことばを引こう。少し長いが、引用の意味を明確に把《つか》んでほしい。

年寄などの話にする神罰冥罰《みようばつ》なんと云ふことは大嘘《うそ》だと独り自ら信じ切つて、今度は一つ稲荷《いなり》様を見て遣《や》らうと云ふ野心を起して、私の養子になつて居た叔父様の家の稲荷の社の中には何が這入《はい》つて居るか知らぬと明けて見たら、石が這入つて居るから、其石を打擲《うつちや》つて仕舞て代りの石を拾うて入れて置き、（略）平気な顔をして居ると、間もなく初午になつて幟《のぼり》を立てたり太鼓を叩《たた》いたり御神酒を上げてワイ〳〵して居るから、私は可笑《おか》しい。「馬鹿め、乃公《おれ》の入れて置いた石に御神酒を上げて拝んでるとは面白い」と、独り嬉しがつて居たと云ふやうな訳けで、幼少の時から神様が怖《こわ》いだの仏様が有難いだの云ふことは一寸ともない。卜筮呪詛《うらないまじない》一切不信仰で、狐狸が付くと云ふやうなことは初めから馬鹿にして少しも信じない。子供ながらも精神は誠にカラリとしたものでした。

これは『福翁自伝』の中の「稲荷様の神体を見る」という章の一節である。その直後に「門閥の不平」という章がくる。その冒頭の一節も引く。

ソレカラ私が幼少の時から中津に居て、始終不平で堪らぬと云ふのは（略）士族の間に門閥制度がチャント定まつて居て、其門閥の堅い事は啻に藩の公用に就てのみならず、（略）子供の交際に至るまで、貴賤上下の区別を成して、上士族の子弟が私の家のやうな下士族の者に向ては丸で言葉が違ふ。

日本の近代的自我の出発点をここに見ることができるであろう。福沢諭吉は天保五年（一八三四）の生まれで、右の記述は、その十二、三歳ごろのことである。明治元年（一八六八）というときには既に三十五歳で、このとき慶応義塾を開いたのであった。

第二の自然の科学的認識、これは日本では極めて不正確であった。そこには、そうならなければならなかった歴史的宿命の影が落ちてもいた。それは、自然科学不在という事実である。

自然すなわち宇宙が、ある目的を目指す力によって支配されているという考え方をすてて、無目的な因果法則がすべてを貫いているという新しい考え方の生まれたのは、西欧における自然科学の近代的発展に即してであった。新しい自然科学が、異常な展開を示し始めたのは、コペルニクス（一四七三―一五四三）の地動説を重要な契機としてであり、自然科学の始祖と見なされているニュートン（一六四二―一七二七）の万有引力説に立った力学の形成によって不動の体系が確立されたのであった。そういうニュートンの死の年を日本に移して見ると、それは享保十二年、八代将軍吉宗が政治に熱意を示した時であった。日本の近代化の始点である明治元年までには一世紀半近くの時の流れを経なければならなかった。この一事だけからも、この分野における日本の後進性は、おおうべくもない。

自然を貫く因果法則は、無数の実証と実験とによって次第に明らかとなっていったが、この法則の認識によって、人間は自然の様々な力を人間のために活用することができるようになる。そこに自然科学の持つ大きな生命があった。現在の文化の特質をなす機械というものもそこから生まれたのであった。日本の近代化のあわただしさと異常な成功は、こういう自然科学の成果を、わき目もふらずとり入れたことである。そういう能力が日本人にあったことは幸いであったが、それはいわば、根のない真似であった。そのことは、明治の知識人によってしばしば指摘されている。

昨年東京帝国大学のＢＡＥＬＺ師の雇を解くや、師は演説して曰く。学問は器械道具の如く一地より他の地に運送す可き者に非ずして、有機体なり、生物なり。此生物の種子をして萌芽し生長せしむるには、一種特異の雰囲気なかる可からず。日本は従来洋学の果実を輸入したり。其の器械道具の如く輸入せらるゝことを得て、又実用に堪へたるは、果実なるを以てなり。（略）然れども学問当体に至りては、西洋人の西洋の雰囲気中に於て養ひ得たる所にして、西洋の此雰囲気あるは一朝一夕の事に非ず。（略）我の学問の果実を輸入して自ら得たりと為《な》すを箴《いまし》め、学問の生物たり、特異の雰囲気を得て始て生長するを説けるは、最も翫味に堪へたる者の如し。

これは、明治三十五年に書かれた森鷗外の「洋学の盛衰を論ず」の一節である。医学者鷗外の取り上げたベルツの演説は、正に、当代の日本には未だ自然科学の根のないことの指摘であった。ベルツは、明治九年に日本に招かれて、ドイツ医学を教え伝えた人であった。

第三の、人間の自由と平等の実現が、近代的自我にとって不可欠の前提であるとともに、その究極の目的であることは、今日においては自明のことであるにちがいない。しかしそこにも数々の問題が解決されないままに放置されているのが日本ではなかろうか。不可欠の前提としての自由と平等が、第一の宗教的絶対権威の否定とつながるものであることはいうまでもない。先に引いた福沢諭吉の「門閥の不平」の一節を、もう一度省みてほしい。その不可欠の前提を、究極の目的にまで高めるのは、その間に人間のそれぞれの内に確立する自律的人格にほかならない。外的な社会的因習としての人間の貴賤高下の区別が一応消え去ったとしても、そのことに即して個の内に、何等かの価値につながる自我意識が生じなかったとしたら、そういう社会国家は近代的であるとはいえないであろう。同時に、自由を楽しみつつあると信じ、平等を皆が口にするとしても、それが単に外的現象への関心に止まるとしたら、これも近代的自我ではない。そういう近代的自我にとって自然の科学的認識も不可欠の要素である。こう考えてくると、人間を本当に人間らしく、合理的に同時に個性的に生かすことができるかどうかが、近代的自我の究極の課題となるのである。したがって、今日のわれわれの関心もそこにしぼられてくるのである。先人たちのこの課題にふれたことばを一二引こう。先ず、わずか二十七歳で世を去った詩人北村透谷の「国民と思想」の一節に聞きたい。これは明治二十六年に書かれたものである。

吾人は再び曰《い》ふ、今日の思想界に欠乏するところは創造的勢力なりと。模倣、卑《いや》しき模倣、之れ国民の、尤《もっと》も悲しむべき徴候なり、我は英国文学を提唱すと宣言し、我は独逸文学を提唱すと宣言し、我は仏国文学を唱導すと宣言す、その外に又た、我は英国思想を守ると曰ひ、我は米国思想を伝ふと曰ひ、我は何、我は何と、各々便利の思想に拠つて、国民を率ゐんとす。（略）嗚呼不幸なるは今の国民かな。彼等は洋上を渡り来りたる思想にあらざれば、一顧の価なしと信ずるの止むべからざるものあるか。彼等は模倣の渦巻に投げられて、何時まで斯くてあらんとする。今日の思想界、達士を俟《ま》つこと久し、何ぞ奮然として起り、十九世紀の世界に立つて恥づるなき創造的勢力を、此の国民の上に打ち建てざる。

詩人透谷の、心の底からの訴えである。この訴えは、しかし、透谷の死の前年のものであった。こういう怒りと悲しみと願いとに自らの生涯を投入した透谷であった。そこに透谷の詩的精神の高揚と絶望とが、混在しなければならなかったのである。

透谷が右の一文を書いたときから十四年の時の流れた明治四十年一月一日に『ホトトギス』に掲げた作品『野分』において、夏目漱石は主人公道也先生に次のような講演をさせた。その一部分を引くが、このときの道也先生は全く漱石その人であることは、明治三十九年の断片に、全く同じ見解が記されていることからも明らかである。少し長い引用になるが、若い読者諸君に、それぞれある返答を期待したい。

「理想は魂である。魂は形がないからわからない。只人の魂の、行為に発現する所を見て髣髴《はうふつ》するに過ぎん。惜しいかな現代の青年は之を髣髴する事が出来ん。之を過去に求めてもない、之を現代に求めては猶更《なほさら》ない。諸君は家庭に在つて父母を理想とする事が出来ますか」

あるものは不平な顔をした。然しだまつてゐる。

「学校に在つて教師を理想とする事が出来ますか」

「ノー、ノー」

「社会に在つて紳士を理想とする事が出来ますか」

「ノー、ノー」

「事実上諸君は理想を以て居らん。家に在つては父母を軽蔑し、学校に在つては教師を軽蔑し、社会に出でては紳士を軽蔑してゐる。是等を軽蔑し得るのは見識である。然し是等を軽蔑し得る為めには自己により大なる理想がなくてはならん。自己に何等の理想なくして他を軽蔑するのは堕落である。現代の青年は滔々《たう》として日に堕落しつつある」

聴衆は少しく色めいた。「失敬な」とつぶやくものがある。道也先生は昂然《かうぜん》として壇下を睥睨《へいげい》してゐる。

「（略）凡ての理想は自己の魂である。うちより出ねばならぬ。奴隷の頭脳に雄大な理想の宿りやうがない。西洋の理想に圧倒せられて眼がくらむ日本人はある程度に於て皆奴隷である。（略）

諸君。理想は諸君の内部から湧き出なければならぬ。諸君の学問見識が諸君の血となり肉となり遂に諸君の魂となつた時に諸君の理想は出来上るのである。付焼刃は何にもならない」

道也先生はひやかせるなら、ひやかして見ろと云はぬ許《ばか》りに片手の拳骨《げんこつ》をテーブルの上に乗せて、立つて居る。

この作の発表された明治四十年は、言うまでもなく日露戦争直後である。日本には一等国ということばが流行し、そのことばの通り世界の一等国だという自負が、国中に盛り上がりつつあった。そういう時点においての漱石の発言であった。

ここから昭和四十八年という現在に目を転じることとする。現在の日本は、経済大国という自負を持つ反面、国民生活の厳しさは日毎に高まりつつある。こういう中で、同七月末に、注目すべき報道が一斉に新聞紙上に掲げられた。その一つから記事を抜き書きすると次の如くである。

総理府青少年対策本部は、現代社会の日本と諸外国との青年がなにを考え、どんな人生目標を持っているかについて意識調査を進めていたが、二十八日この結果を『世界青年意識調査報告書』として関係各省に報告した。これによると、日本の青年は社会に対する不満が各国に比べて極めて高く二〇％近い人が『何を求めてよいかわからない』と答えている。また『人生の目標』については各国の青年とも『他人との誠実や愛』を第一にあげているが、欧米にくらべ日本はその率は低い。一方、『やりがいのある仕事』をあげている者は最高の率を示し、モーレツぶりをみせている。人間の本性についても『性悪説』をとるものが三三％と最高、親友がいないと答えたものも一番多い。さらに他人への親切心は最低という結果となっている。このような日本の青年の心のゆがみを示す調査結果に驚いた総理府は、新たな観点に立って青少年対策を考えねばならないとしている。

「不満いっぱい日本青年」と題され、それに「国の開発優先に疑問」「世界一〇国と比較・人間性悪説三三％で最高」「親友少なく親切心薄い」という三つの副題を添えたこの記事は、明治末年に近い時の漱石の青年批判と明らかにあるつながりを持っている。ということは、近代日本において最も自由主義・個性主義の盛り上がった大正期を通過し、さらには一切の社会的圧力に大変動が生じた第二次大戦後の時期をも経過した現在においてもなお、日本の青年たちの内に依然として理想がないということである。そういう青年たちの考えている、そこだけが積極性を示している「やりがいのある仕事」とは、そもそも何を指しているのであろうか。それは、「やりがいのある仕事がない」という現実の裏がえしではなかろうかという不安も禁じ難い。換言すれば、日本においては今日もなお、真の近代的自我が確立されていないのではないかという不安である。そしてそれは、それぞれの個の問題である。今こそわれわれは、本当に自分を、自己の内面を凝視しなくてはならない。そこにもし何もなければ、ただ時流を追い、損得ばかりを考える自分であることがわかれば、せめてはそこを、近代的自我確立の出発点とすべきである。そのことを考えなければならない現代の日本人、特に年若い人々に課せられた唯一最大の課題である。これこそが、現代の日本人、特に年若い人々には、早くも近代精神の限界を説き、近代的自我のはかなさを説く諸説が次々に書かれている。ここにもまた、日本の近代の特殊性としてのあわただしさが、明瞭に浮かび上がらずにはいない。

最後に、最近生を終えた作家阿部知二のことばを引いて終わろう。阿部知二は、現代の知識人の一典型だからである。次に引用するものは、昭和四十五年に刊行された評論集『求めるもの』に収められた「知識人の役割」の一節である。この書が「変動する世界と知性の試練」という副題を持っていることも付言しておきたい。

権勢を誇るものの芸術は、いかに外観は壮麗豪華をきわめようとも、いつの間にか内部が虫喰《く》いになって空洞となり、そのときそれに代って素朴な人間たちの中から人間らしさにみちた新しい芸術の精気が、あたかも小さな泉がわくようにわき出し、それがやがて大河のようになって、次の時代の芸術の本流をつくる、という歴史が幾度もくりかえされてきたのであった。

すべてこのような考え方は、もちろん、知識人が自己の場に立ち内部を深く握ってゆくとき、そこで出逢うものは暗々とした虚無の淵ではなく、いきいきとした生命の意識である、という立て前に立っている。さらに、その生命の意識は、不正な形体や不正な精神では決して汲みあげられ実現されるものではないという信条にたっている。その実現によって、自らを疎外する非人間的な存在であることを拒否する力を獲得する。そしてそのとき、ふたたび彼を内部から外部世界へ押しだしてゆく力が生じてくることを意識するはずである。いわば、新しい出撃が――それはしばしば悲劇的であるが、――なされる。そのようなことを生命の意識にもとづく正義観・正義感の問題として考える。

第九章

鷗外と漱石

森鷗外は、文久二年（一八六二）一月十九日、石見国（島根県）鹿足郡津和野町に生まれ、大正十一年（一九二二）七月九日、数え年六十一歳で没した。夏目漱石は、慶応三年（一八六七）一月五日、江戸牛込馬場下横町（東京都新宿区牛込喜久井町）に生まれ、大正五年（一九一六）十二月九日、五十歳で世を去った。鷗外が五つ年長であったが、漱石の方が六年先に生を終わったのである。

鷗外は、明治十七年、二十三歳のときドイツに留学し、二十一年に帰朝、翌二十二年に『しがらみ草紙』を創刊、二十三年「舞姫」を発表して文名を知られた。漱石は、明治三十三年イギリスに留学し、三十六年に帰朝、翌三十七年から「吾輩は猫である」を書き始め、三十八年にその第一から第六までを発表して異常な反響を呼んだ。

この、非常によく似た経路をたどった二人には、それぞれの個性が強く、二人の見解は、常に必ずしも同質ではなかったけれども、あわただしい明治という文明開化時代において果たした、ないし果たそうとした目標には、それほどのへだたりはなかった。ここでは後人から「千駄木のメエトル」と呼ばれた鷗外と、「早稲田の先生」と呼ばれた漱石との内に在り続けた啓蒙精神に焦点をしぼって、近代日本の知識人の典型を示したいと思う。

鷗外が『しがらみ草紙』という月刊誌を創刊したのは、明治二十二年十月のことであった。このとき鷗外は、『国民之友』の『夏期附録』（同年八月刊）に掲げた訳詩集『於母影《おもかげ》』の稿料五十円をもって、刊行の費に当てたのであった。創刊号に掲げられた「柵《しがらみ》草紙の本領を論ず」の冒頭と、結末に近い一節とを引く。

西学の東漸するや、初その物を伝へてその心を伝へず。学は則《すなはち》格物窮理、術は則方技兵法、世を挙げて西人の機智の民たるを知りて、その徳義の民たるを知らず。況やその風雅の民たるをや。是に於いてや、世の西学を奉ずるものは、唯利を是れ図り、財にあらでは喜ばず。（中略）

今や此方嚮《ほうこう》は一転して、西方の優美なる文学は、その深邃《しんすい》なる哲理と共に我彊《きょう》に入り来れり。

少しく注釈を加えると、「西学」とは言うまでもなく「西欧の学」である。しかも、近代ヨーロッパを大きくゆり動かした自然科学がその中核であることは、「学は則格物窮理、術は則方技兵法」に徴しても明らかであろう。鷗外の「格物窮理」とは、朱子学や陽明学の主張ではなく明らかに西欧物理学をさし、「方技兵法」とは医術と軍備・軍用の技術を指していた。日清戦争を五年後にひかえて一心に西欧近代科学の移入を、さらにその根底をなす資本主義体制の自立を目ざした日本であった。そういう風潮に対して鷗外は次のように自らの立場を告げる。結末に近い部分を引こう。

嗚呼《ああ》、我混沌《とん》たる文界も、その蕩《とう》清の期は応《まさ》に近きに在るべし。余等がしがらみ草紙の発行を企てしも、亦聊《いささか》審美的の眼を以て、天下の文章を評論し、その真贋《しんがん》を較《かう》明し、(中略)蕩清の功を速にせんと欲するなり。

『しがらみ草紙』刊行の意図はここに明らかである。それは、「審美的な眼を以て」、「我混沌たる文界」を「蕩清」しようとする鷗外の願望にほかならなかったのである。「蕩清」とは、はらい清めること、つまり大掃除である。われわれは、この鷗外の意図を「審美的蕩清」と呼んでさしつかえないであろう。

ここで一言しておきたいことは、こういう鷗外の考え方は、決して、単なる芸術至上の立場から、学問・道徳を否定しようとしたのではないということである。鷗外は、西人が「機知の民」であると同時に「徳義の民」であり、さらには「風雅の民」でもあることを知るべきであると主張したのである。言いかえると、真・善・美の全体を把握しなければ、そのいずれの一つも本当に理解することはできないと説いているのである。そのことは『しがらみ草紙』第二十八号に掲げられた「自評についての異議」という一文によっても明らかである。

民の声は神の声なりとはいにしへの羅馬の言葉なり。されどまことに民の声に従ふべきは、唯国民の発達に関する問題あるのみ。真、美、善の三つに就きては、いはゆる民、いはゆる公衆、所謂《いはゆる》世間、果して何事をか解せむ。(中略)見ずや、志ある詩人は公衆のために動かされずして、おのが作りし劇の中《あた》らざりしとき、桟敷《さじき》の欄より土間を見おろし、公衆は今夜こゝにて落第したりと呼びし作者あるを。(中略) 批評家も亦是の如し。公衆若し左右すべくは則ち可なり。若し左右すべからずば、孤立しても淋しがらぬをこそ批評家の操とはすべきものなれ。この故にわれは公衆のために左右せらるゝものと、両天秤の説を立てゝ公衆の審判を求むるものとをば、批評家なりと看做《みな》すこと能はず。

鷗外は、自らを右の一文における「志ある詩人」の場に立て、「批評家の操」を自らに課した存在であった。そしてその前提は、「真、美、善の三つ」すなわち内的価値に関して無知蒙昧《もうまい》な公衆の存在にほかならなかった。だからこそ鷗外は、「学は則格物窮理、術は則方技兵法」一点張りの明治日本において、特に「道義」と「風雅」とを強調したのであった。「今や此方嚮は一転して、西方の優美なる文学は、その深邃なる哲理と共に我疆に入り来れり。」という今日、只今、公衆の無智を放置するに忍びなかった鷗外は、自らその先頭に立って、特に「混沌たる文界」の大掃除を意図したのであった。しかし、純粋に「審美的」眼力によって文学・芸術を評価するという、ある意味では自明のことも、当代の日本においては非常な困難をともなわなければならなかった。何故なら、未だ日本における芸術は、旧来の因襲であった道徳のための芸術という考え方と、その裏がえしの無価値なもてあそびものという考え方から解放されてはいなかったからである。日本の近代化を大きく支えた福沢諭吉の「実学尊重」も、芸術にとっては厳しい批判とならずにはいなかったのである。そういう状勢の中にあって創刊されたこの誌名が『しがらみ草紙』と付けられたのは、時の流れをくいとめるという意味を暗示していたにちがいない。

『しがらみ草紙』は、全五十九冊を世に送って、明治二十七年八月に廃刊となった。前後言うまでもなく日清戦争に従軍しなければならなかった鷗外だったからである。前後六年にわたるこの文学誌には、鷗外を始めとして、幸田露伴・落合直文・山田美妙・与謝野鉄幹・斎藤緑雨ら、それに尾崎紅葉も筆をとった。特に文学史的意義を持つにいたる表現としては、鷗外がこの誌上において、坪内逍遙との間に「没理想論争」を展開したことであった。今はそのことにふれる余地はない。そういう『しがらみ草紙』ではあったけれども、鷗外の願いであった「審美的蕩清」は、必ずしも一般に理解されず、十分な成果をあげ得なかったことも事実であった。だから鷗外は、日清戦争後に再び、『めさまし草』を創刊したのである。

『めさまし草』は、明治二十九年一月に創刊され、三十五年二月廃刊までに五十六冊刊行された。一般の読者たちの目をさまそうという意図は、誌名に明らかであろう。しかし『しがらみ草紙』に比較して『めさまし草』には、文壇の新しい気運を批判するという性格が目立った。『しがらみ草紙』創刊のときは、鷗外は数え年二十八歳であったが、今『めさまし草』を創刊したときは、鷗外はすでに三十五歳であった。第三号から七号にかけて、鷗外と幸田露伴・斎藤緑雨が「三人冗語」と題する匿名の合評を連載し、そこで、樋口一葉の「たけくらべ」を激賞したことは注目すべきである。『めさまし草』廃刊後も鷗外は、明治三十五年六月から『芸文』を二冊、同年十月から三十七年三月にかけて『萬年艸』を刊行、鷗外の内には依然として啓蒙精神があり続けたのであったが、それが次第に、わかるものだけにしかわからないのだという諦念につながっていった。著名な「Resignation の説」が、『新潮』に掲げられたのは、明治四十二年十二月のことであった。そこで鷗外は、自らの啓蒙精神の行方と、「審美的蕩清」への一般の無理解とを、次のように告げた。一種のあきらめにほかならなかった。

私の考では私は私で、自分の気に入つた事を自分の勝手にしてゐるのです。それで気が済んでゐるのです。人の上座に据《す》ゑられたつて困りもしないが、下座に据ゑられたつて困りもしません。（中略）私の心持を何といふ詞《ことば》で言ひあらはしたら好いかと云ふと、Resignation だと云つて宜しいやうです。私は文芸ばかりではない。世の中のどの方面に於ても此心持でゐる。それで余所《よそ》の人が、私の事をさぞ苦痛をしてゐるだらうと思つてゐる時に、私は存外平気でゐるのです。

夏目漱石の文名が急激な高まりを示し始めたのは、明治三十八年の一月から『ホトトギス』誌上に「吾輩は猫である」を連載し始めたときからのことであった。翌三十九年八月まで、十回にわたって連載されたこの長編は、正しく漱石の処女作であり、漱石を作家たらしめた重要な契機であった。この作品における漱石の分身は、衆知の通り「苦沙弥《くさみ》」先生である。この作品は、そういう苦沙弥を中心に、そこに集まる人々の言行の、猫の目を通しての描出であった。第九章の終わりに近い一節を引く。

苦沙弥の心情の到達点である。

「ことによると社会はみんな気狂の寄り合かも知れない。気狂が集合して鎬《しのぎ》を削つてつかみ合ひ、いがみ合ひ、罵り合ひ、奪ひ合つて、其全体が団体として細胞の様に崩れたり、持ち上つたり、持ち上つたり、崩れたりして暮して行くのを社会と云ふのではないか知らん。其中で多少理窟がわかつて、分別のある奴は却《かへ》つて邪魔になるから、瘋癲《ふうてん》院といふものを作つて、こゝへ押し込めて出られない様にするのではないかしらん。すると瘋癲院に幽閉されて居るものは普通の人で、院外にあばれて居るものは却つて気狂である。気狂も孤立して居る間はどこ迄も気狂にされて仕舞ふが、団体となつて勢力が出ると、健全の人間になつて仕舞ふのかも知れない。大きな気狂が金力や威力を濫用して多くの小気狂を使役して乱暴を働いて、人から立派な男だと云はれて居る例は少なくない。何が何だか分らなくなつた」

猫を通してこの記述について、猫は読者に、「以上は主人が当夜煢々たる孤灯の下で沈思熟慮した時の心的作用を有の儘に描き出したものである。」と告げると同時に、「彼は折角此問題を提供して自己の思索力に訴へながら、遂に何等の結論に達せずしてやめて仕舞つた。何事によらず彼れは徹底的に考へる脳力のない男である。」とも言っている。このとき、苦沙弥の心情と猫の批判とは、ともに作者漱石の内的心情にほかならなかった。漱石の作家の道とは、要するに、「此問題」を「徹底的に考へる」という道に他ならなかった。そこにおのずから、作家漱石の明治開化への批判と、自己をもこめた人間の啓蒙への熱情が生じたのであった。その盛り上がりを明白に告げた作品が「坊っちゃん」であり「野分」であった。ここでは後者をとりあげたい。「野分」は、明治四十年一月の『ホトトギス』に掲げられた作品である。主人公「白井道也」先生は、自らの正義感のために、次々に職場である学校を追い出される。そのことは道也先生の道への情熱をかえって一層燃え上がらせた。そういう道也先生の信念を、漱石は次のように、声高く読者に訴える。

世は名門を謳歌《おうか》する、世は富豪を謳歌する、世は博士、学士迄をも謳歌する。然し公正な人格に逢ふて、位地を無にし、金銭を無にし、もしくは其学力、才芸を無にして、人格其物を尊敬する事を解して居らん。人間の根本義たる人格に批判の標準を置かずして、其上皮たる附属物を以て凡てを律しやうとする。此附属物と、公正なる人格と戦ふとき世間は必ず、此附属物に雷同して他の人格を蹂躪《じうりん》せんと試みる。天下一人の公正なる人格を失ふとき、天下一段の光明を失ふ。公正なる人格は百の華族、百の紳商、百の博士を以てするも償ひ難き程貴きものである。われは此人格を維持せんが為めに生れたるの外、人世に於て何等の意義をも認め得ぬ。寒に衣し、餓に食するは此人格を維持するの一便法に過ぎぬ。筆を呵《か》し硯《すずり》を磨するのも亦此人格を他の面上に貫徹するの方策に過ぎぬ。——是が今の道也の信念である。

こういう道也の信念を告げたとき、漱石は既に四十一歳、朝日新聞入社の決意をかためたのもこの年であった。このとき、漱石の内に「公正なる人格」という理念の在り続けたことは疑いの余地はない。鷗外の場合の審美的蕩清に比して、漱石の場合は明らかに人格的蕩清ないし倫理的蕩清であった。漱石の人格を慕ってその膝下に参集した若者たちに対する漱石の態度のうちにも、温かさと同時にある厳しさのあったことも思うべきである。その一例として、明治三十九年十月二十六日、鈴木三重吉に宛て宛た著名な書簡の一節を示そう。

単に美的な文字は昔の学者が冷評した如く閑文字に帰着する。俳句趣味は此閑文字の中に逍遥《せうえう》して喜んで居る。然し大なる世の中はかかる小天地に寐《ね》ころんで居る様では到底動かせない。然も大に動かさざるべからざる敵が前後左右にある。苟《いやしく》も文学を以て生命とするものならば単に美といふ丈では満足が出来ない。丁度維新の当士〔志〕勤王家が困苦をなめた様な了見にならなくては駄目だらうと思ふ。間違つたら神経衰弱でも気違でも入牢でも何でもする了見でなくては文学者になれまいと思ふ。（中略）君の趣味から云ふと（中略）自分のウツクシイと思ふ事ばかりかいて、それで文学者だと澄まして居る様になりはせぬかと思ふ。現実世界は無論さうはゆかぬ。（中略）僕は一面に於て俳諧的文学に出入すると同時に一面に於て死ぬか生きるか、命のやりとりをする様な維新の志士の如き烈しい精神で文学をやつて見たい。（中略）

破戒にとるべき所はないが只此点に於て他をぬく事数等であると思ふ。然し破戒ハ未ダシ。三重吉先生破戒以上の作をドンドン出シ玉へ。

ここに取り上げられた「破戒」が、島崎藤村の作家的出発と同時に、文壇に自然主義の強烈な台頭の契機となった長編『破戒』を指していることは言うまでもない。この三重吉への忠言は、同時に漱石自身への警語であったことも明らかである。「命のやりとりをする」精神——漱石はたしかにその文学に生を賭《と》した。そしてしばしば神経衰弱に陥らなければならなかった。そういう内的情熱の高まりはすなわち内的苦悩の深まりでもあった。「行人」（大正元年—二年）の主要人物「兄」は「死ぬか、気が違ふか、夫でなければ宗教に入るか。僕の前途には此三つのものしかない」と告げ、「こころ」（大正三年）の「先生」は、「私」に「私は暗い人世の影を遠慮なくあなたの頭の上へ投げかけて上ます。然し恐れては不可《いけま》せん。暗いものを凝《じっ》と見詰めて、その中から貴方の参考になるものを御攫《つか》みなさい。私の暗いといふのは、固《もと》より倫理的に暗いのです。私は倫理的に生れた男です。」という長文の遺書を残して自らの生命を断ったのであった。

こういう漱石の晩年、その口から時々「則天去私」ということばのもれたことは、よく知られている。晩年の心情を、ある年若い僧に当てた手紙で伺いたい。その死の直前の大正五年十一月十日、鬼村元成に当てたものの一節である。

私は私相応に自分の分にある丈の方針と心掛で道を修める積です。気がついて見るとすべて至らぬ事ばかりです。行住坐臥ともに虚偽で充ち充ちてゐます。恥づかしい事です。此次御目にかかる時にはもう少し偉い人間になつてゐたいと思ひます。あなたは二十二私は五十歳は二十七程違ひます。然し定力とか道力とかいふものは坐つてゐる丈にあなたの方が沢山あります。

以上、鷗外と漱石との一面を、その啓蒙精神に即して略述した。略述ではあるけれどもそこにおのずから、この両先人の異同が浮かぶであろう。両者に共通する心情は、明治日本の開化の浅薄さに対する不満と、その克服の念願とであった。

学問の自由研究と芸術の自由発展とを妨げる国は栄える筈がない。

鷗外が「文芸の主義」という一文の結末にこう告げたのは明治四十四年のことであった。その同じ年に漱石は、和歌山において「現代日本の開化」を講じたのであった。

些細な事に至るまで、我々のやつてゐる事は内発的でない、外発的である。是を一言にして云へば現代日本の開化は皮相上滑りの開化であると云ふ事に帰着するのである。

鷗外と漱石との個性の相違については、くわしくそのことにふれる余裕を失ったが、一言に要約すると、鷗外の美的に対して、漱石の倫理的であったことである。先にも記したが、鷗外の態度を「審美的蕩清」とすれば、そういう言い方を漱石について用いるとすると、当然「倫理的蕩清」である。しかし、今日のわれわれにとって何より大切なことは、かつて鷗外・漱石が明治日本に向けて放った数々の批判が、それぞれ、今日の日本においても厳しい生命を保有し続けているということである。換言すれば漱石の死後六十六年、鷗外の没後六十年の今日においても、未だ真・善・美の内的確立が、われわれ日本人それぞれにおいて果たされていないのである。近代的自我としての人格は未だにその根を各人の内に下していないのである。ここが重要である。

第十章　近代文学の展開

日本の近代文学を通観すると、これを大まかに、四つに区切ることができる。維新以来のあわただしい開化主義のもとに、続々と先進西欧の文壇から移入されたさまざまな文芸思潮——写実主義・浪漫主義・象徴主義等々が、順不同の移入を経て、日本の文壇に一応の融和をとげ、日本の近代文学が近代文学としての自己を確立したのは、自然主義文学においてであった。維新以来明治四十年代初頭の自然主義の文壇制覇まで、これが明治文学と一般に呼ばれている第一期である。

そういう自然主義への反撥に始まり、耽美派の文学、次いで白樺派の文学の時を経て、新現実派とか新技巧派とか呼ばれる大正後半期文学によって、自然主義と反自然主義との統合をみるにいたるまで、これが第二期の大正文学である。

第三期は、大正後半期文学の個性主義に対して、社会的階級的基盤に立つ新しい文学、プロレタリア文学が台頭すると同時に、他方、大正後半期文学が心境小説という理念に到着していったのに対して新感覚派と呼ばれた前衛的文学も強い盛り上がりを示し、この両者が相並んで文壇を動転させた時期に始まり、昭和十年代の転向文学、不安の文学にいたるまでである。昭和前期ないし昭和戦前の文学である。この始点については、大正十二年の関東大震災を契機と見る立場と、昭和二年の芥川龍之介の死にそれを見る立場と、現に二通りの考え方があるが、実質的にはそれほどのちがいはない。

第四期は、言うまでもなく昭和戦後ないし昭和後半期文学、すなわち現代文学の時である。

こういう風に四期に区分されるわが近代文学が、それぞれの年号を以て呼ばれるということは、わが近代文学の展開が、大体年号の移りかわりと一致するからである。私も便宜上そういう呼び方をすることとする。この明治文学から昭和後半期すなわち現代文学にいたるわが近代文学の展開を示すということは、日本近代文学史そのものの記述にほかならない。短い表現でそれを果たすことは、もともと不可能であるけれども、そのことを考えた上で、ここでは、それぞれの時期の性格を暗示することを目標としたい。しかし、一作を以て一期の全貌を暗示することもまた危険である。二つないし三つに言及しなくてはならないであろうが、なるべく視点を凝縮させることとしたい。近代文学の中核をなすものは、小説である。

明治二十年代は、しばしば紅露逍鷗時代と呼ばれる。硯《けん》友社を率いた尾崎紅葉、その紅葉と並んで男性的理想を追った幸田露伴、「小説神髄」によってわが近代文学の始点を示した坪内逍遙、逍遙との間に著名な「没理想」論争を展開した森鷗外という四先人に代表される二十年代の文壇も、三十年代に入って様々な動揺を示した。フランス自然主義作家エミール・ゾラの影響を受けてゾライズムが叫ばれ、小杉天外や永井荷風が実験小説の模倣を行なった。そのころ、ゾライズムとは別にツルゲネエフやワーズワースの自然観に影響されて、大自然との調和を求めた国木田独歩も出た。こういう二つの自然観を基礎において、それに一つの融和を与えたのが、自然主義文学であった。

自然主義が文壇の強力な主流となる直接の契機をなしたものは、島崎藤村の『破戒』(明治三十九年)と田山花袋の『蒲団』(明治四十年)とであった。

藤村はその第一詩集『若菜集』（明治三十年）によって詩人として文壇に登場したのであったが、深刻な社会問題に触れた長編『破戒』によって、自然主義作家としての自己を確立するとともに、日本における自然主義文学台頭をもたらしたのであった。そこには、単なる写実にとどまらず、旧習打破への浪漫的情熱もこめられていた。しかし、この後者は、明治日本における不断の悲願であると同時に、当代権力者の目の敵であった。花袋の『蒲団』は、そういう時勢の中で、日本の自然主義の性格を確立し、藤村をもふくめてその方向を進ませる働きを示した歴史的作品であった。その結末に近い一節を引こう。

さびしい生活、荒涼たる生活は再び時雄の家に音信《おとづ》れた。子供を持てあまして喧《やかま》しく叱る細君の声が耳について、不愉快な感を時雄に与へた。（中略）時雄は机の抽斗《ひきだし》を明けて見た。古い油の染みたリボンが其の中に捨ててあつた。時雄はそれを取つて匂ひを嗅《か》いだ。暫くして立上つて襖《ふすま》を明けて見た。（中略）芳子が常に用ひて居た蒲団――（略）時雄はそれを引出した。女のなつかしい油の匂ひと汗のにほひとが言ひも知らず時雄の胸をときめかした。（略）

性慾と悲哀と絶望とが忽ち時雄の胸を襲つた。時雄は其の蒲団を敷き、夜着をかけ、冷めたい汚れた天鵞絨《びろうど》の襟《えり》に顔を埋めて泣いた。薄暗い一室、戸外には風が吹暴れて居た。

この『蒲団』の結末に、日本における自然主義の性格は明瞭に告げられていた。それは「性慾と悲哀と絶望」との生の、ありのままの描出にほかならなかった。「人生のための芸術」とか「無理想無解決」とか「露骨なる描写」とかいう数々の自然派の合言葉がそのことを告げている。

自然派の文壇占拠の時は前後五年に過ぎなかったが、その根は異常に強く、その生命力は大正後半期にまで強く投影し続けたのであった。そういう自然派にとっての目の上のこぶは、森鷗外と夏目漱石とであった。そのことは、自然派に次いで文壇の主流を占めた耽美派の先導者永井荷風と、耽美派にとって代わった白樺派の中核をなした武者小路実篤とのそれぞれの心情表白に明らかである。

凡てのいまはしい物の形をあからさまに照す日の光が、次第に薄らいで、色と響と匂のみ浮き立つ黄昏《たそがれ》の来るのを待つて、先生は『社会』と云ふ窮屈な室を出で、『科学』と云ふ鉄の門を後にして、決して躓《つまづ》いた事のない極めて規則正しい、寛闊の歩調で、独り静かに芸術の庭を散歩する。（略）

先生はいつも独りである。一所に歩かうとしても、足の進みが早いので、つい先へ先へと独りになつてしまふのだ。競走と云ふやうな熱のある興味は、先生の味はうとしても遂に味へない所であらう。自分は先生の後姿を遥《はるか》に望む時、時代より優れ過ぎた人の淋《さび》しさといふ事を想像せずには居られない。

これは、荷風の「鷗外先生」（明治四十二年）の冒頭と結末とである。荷風の鷗外先生への敬慕の情とともに、荷風その人の文学、ひいては、耽美派の文学が、自然派の「性慾と悲哀と絶望」とに対して「色と響と匂」の文学にほかならなかったことも告げられている。次に、実篤の「『それから』に就て」（明治四十三年）の、これも冒頭と結末とを引く。

『それから』の著者夏目漱石氏は真の意味に於ては自分の先生のやうな方である。さうして今の日本の文壇に於て最も大なる人として私《ひそ》かに自分は尊敬してゐる。さうして『それから』は氏の作の内でも最も深い大きいもののやうに自分は思つてゐる。自分は氏の前に出たら恐らく『それから』を誠に感心して拝読いたしましたとしか云へないであらう。（略）

終りに自分は漱石氏は何時までも今のままに、社会に対して絶望的な考を持つてゐられるか、或は社会と人間の自然性との間にある調和を見出されるかを見たいと思つてゐる。さうしてその時は自然を社会に調和させようとされず、社会を自然に調和させようとされるだらうと思ふ。さうしてその時漱石氏は真に国民の教育者となられると思ふ。

「白樺」創刊号に掲げられたこの一文のうちに、実篤の漱石に寄せた尊敬と、白樺派の実感尊重と自我中心主義も明示されている。

ここから、耽美派と白樺派との性格の具体的表現にふれたい。まず、谷崎潤一郎の「刺青」（明治四十三年）に、次いで志賀直哉の「或る朝」（明治四十一年）にふれる。ともに両者の処女作である。

女定九郎、女自雷也、女鳴神、――当時の芝居でも草双《ざう》紙でも、すべて美しい者は強者であり、醜《みにく》い者は弱者であつた。誰も彼も挙つて美しからむと努めた揚句は、天稟《ぴん》の体へ絵の具を注ぎ込む迄になつた。芳烈な、或は絢爛《けんらん》な、線と色とが其の頃の人々の肌に躍つた。

谷崎文学の本質としての感性美探求、作家的生涯を通じての谷崎の追尋し続けた美の実体がここに明らかに告げられている。しかし、この作品でもう一つ注目すべき点は、そういう谷崎の耽美主義の根底にも一つの理想ないし理念があったということである。

彼の年来の宿願は、光輝ある美女の肌を得て、それへ己れの魂を刺り込む事であつた。(中略)啻《ただ》に美しい顔、美しい肌とのみでは、彼は中々満足する事が出来なかつた。江戸中の色町に名を響かせた女と云ふ女を調べても、彼の気分に適《かな》つた味はひと調子とは容易に見つからなかつた。まだ見ぬ人の姿かたちを心に描いて、三年四年は空しく憧《あこが》れながらも、彼はなほ其の願ひを捨てずに居た。

こういう耽美派に対して、白樺派の立場は明らかにヒューマニズムであった。しかしそこにも強く在り続けるものは、自我中心主義すなわちエゴティズムである。志賀文学の出発点「或る朝」にそれを見よう。

たうたう祖母は怒り出した。

「不孝者」と云つた。

「年寄の云ひなり放題になるのが孝行なら、そんな孝行は真つ平だ」彼も負けずと云つた。彼はもつと毒々しい事を云ひたかつたが、失策つた。文句も長過ぎた。然し祖母をかつとさすにはそれで十二分だつた。祖母はたたみかけを其処へはふり出すと、涙を拭きながら、烈しく唐紙をあけたてして出て行つた。

こうして祖母を泣かせた信太郎は、明らかに我儘であったけれども、その直後、再び部屋に入ってきた祖母の素直で高貴な態度に接して、今度は信太郎が涙をこぼすのである。

「そんなのを持って行ったって駄目ですよ」と彼は云った。

「さうか」祖母は素直にもどつて来た。そして叮嚀《ていねい》にそれを又元の所に仕舞つて出て行つた。

信太郎は急に可笑《おか》しくなつた。（略）彼は笑ひながら、其処に苦茶々々にしてあつた小夜着を取り上げてたたんだ。敷蒲団も、それから祖母のもたたんでゐると彼には可笑しい中に何だか泣きたいやうな気持が起つて来た。涙が自然に出て来た。物が見えなくなつた。それがポロポロ頬へ落ちて来た。彼は見えない儘《まま》に押入れを開けて祖母のも自分のも無闇に押し込んだ。間もなく涙は止つた。彼は胸のすがすがしさを感じた。

白樺派の実感尊重と、それを支える人間性への信頼は、この短章にも明らかであった。

如上の、自然主義、反自然主義としての耽美主義とヒューマニズム、この三者の間に一の調和を求め、その要求のうちに作家的自我を、言いかえると作家の個性を認めるという立場の確立したのが大正後半期においてであった。それは日本における近代文学の、最初にして最大の開花期にほかならなかった。ここには、そういう大正後半期文学の星であった芥川龍之介の評論「大正八年度の文芸界」(大正八年)の明確な指摘を引くこととする。

彼等を一括して、彼等以前の諸作家と比較すると、こんな特色がありはしないかと思ふ。と云ふのは彼等が全体として、意識的に或は無意識的に、自然主義以来代る代る日本の文壇に君臨した、「真」と「美」と「善」との三つの理想を調和しやうとしてゐる事である。勿論彼等はその個性の赴く所に従つて、三つの理想のいづれの上に、力点を置くかの差はあるかも知れない。(略)が、概して云へば、彼等は是等三つの理想のいづれに対しても冷淡ではない。彼等は人間がその一を欠いた所に、安住出来ないと云ふ事を、多少にもせよ感じてゐる。(略)この綜合的傾向を雄弁に物語つてゐるものは、一に彼等の取材の多方面な事であり、二に彼等の技巧の変化に富んでゐる事であらうと思ふ。これが此処二三年来の文壇を支配するやうになつた、五六の作家が代表する最も新しい勢力である。

文中の「彼等」ないし「五六の作家」として芥川の挙げている名は「有島武郎・里見弴・広津和郎・葛西善蔵・菊池寛・久米正雄」の六つである。しかしそこには、最初に掲げらるべき名が落ちている。いうまでもなく「芥川龍之介」である。その芥川の死を大きな契機として展開したのが、昭和前期の二潮流であった。まず、プロレタリア文学の性格の一端にふれよう。

「悪い例なら破つたらどうだと云ふんだ。旧来の陋習を破つたらどうだと云ふんだ。一切合切を前例に守つてゐたら、人間は未だに、人間の肉を食つて、生活しなければならないんだ。未だ人間が人間の肉を食つてゐるんだが、それが無くなるためには、あらゆる旧来の陋習が破らるべきなんだ。殊に法律でさへ保障してゐるやうな範囲内にまで、労働者を搾取し劫略《ごうりやく》することは、明らかに人間嗜食の一形式だ」白水は益々彼の錐《きり》を揉《も》み込んで行つた。

これは、「一九二三年名古屋千種刑務所にて完成」と付記されている、葉山嘉樹の長編『海に生くる人々』の一節である。次に、新感覚派の中心をなした横光利一の「ナポレオンと田虫」の一節を見よう。この作品は、大正十五年一月の『文芸時代』誌上に掲げられたものである。「海に生くる人々」の完成時から三年目に相当する。

ナポレオン・ボナパルトの腹はチュイレリーの観台の上で、折からの虹《にじ》と対戦するかのやうに張り合つてゐた。その剛壮な腹の頂点では、コルシカ産の瑪瑙《めなう》の釦《ぼたん》が巴里《ばり》の半景を歪ませながら、幽《かす》かに妃の指紋のために曇つてゐた。

新感覚による新奇なこの表現に始まる作品の主題は、その直後の第二章において次のように告げられている。それは人間精神の物質による規定という考え方である。唯物論的観念にほかならない。

彼の田虫の活動はナポレオンの全身を戦慄させた。その活動の最高頂は常に深夜に定つてゐた。彼の肉体が毛布の中で自身の温度のために膨脹する。彼の田虫は分裂する。彼の爪は痒《かゆ》さに従つて活動する。すると、ますます活動するのは田虫であつた。ナポレオンの爪は彼の強烈な意志のままに暴力を振つて対抗した。しかし、田虫には意志がなかつた。ナポレオンの爪に猛烈な征服慾があればあるほど、田虫の戦闘力は紫色を呈して強まつた。全世界を震撼《しんかん》させたナポレオンの一個の意志は、全力を挙げて、一枚の紙のごとき田虫と共に格闘した。

昭和戦前の新風は、戦時体制の強化とともに、次第に激しい弾圧を受けなくてはならなかった。そういう現実的事実が文壇に強く反映したころに、転向文学・不安の文学が生じたのであった。いずれも本質的に暗い文学であった。

彼は一頃のやうに、人をも物をも一応はなんとなく軽蔑してかかる、といふことがだんだん出来なくなるやうに感じてゐた。物事に対しても、人の言葉に対しても、非常に謙遜な気持で向ふやうになつた。現代の青年が、あらゆる権威を認めず、鼻の先であしらつて見せるのは、その多くの場合は、単に彼等の自信のなさ、内に何ものをも持つてゐないことの反映でしかない。権威を真に乗り越えるものの道ではなくて、虚勢にすぎないから、紙一重の向うは卑屈な醜《みにく》さに満ちてゐる。さういふ彼等は、ある機会においてたちまち見苦しい追従者になる。駿介の変り方はさういふものではない。

転向文学の一典型である島木健作の長編「生活の探求」(昭和十二年)の一節である。イデオロジカル言行からもう一度人生そのものを凝視しなければならないという反省が、全編の底流であった。この心情が、現実的に同じ時を生きる知識人一般の内にも生じ、そこにいわゆる不安の文学が書かれることとなったのである。その代表作の一つ、阿部知二の「冬の宿」(昭和十一年)の主人公「私」、コウルリッジに関する卒業論文を考えつつある大学生の表明をきこう。

ふと私は気が付いた。私が嘉門を愛しまつ子を憎んでゐるとすれば、それは、実在の「嘉門」でも「まつ子」でも無いのだ。私の中の「嘉門」と名付くべきもの、「まつ子」と名付くべきものなのだ。……私は口では頽廃《たいはい》を喋《しゃべ》りながら、実際は何もしてない。私は、私の中の「肉体」の声を愛し憧れ、それが嘉門といふ表徴となり、私の中の禁圧の声を憎み、それがまつ子という表徴となつてゐるのだ。……なんのことだ！　この霧島の家の断面なんて、つまり俺の心の生態の断面図じゃないか！　俺は嘉門とまつ子の間に立ち廻つてゐるつもりで、実は自分の心の中をうろつき廻つているのに過ぎないじゃないか。

私は思はず、「はッはッは」と笑つた。

昭和十年代は、明らかに戦時体制の日本であった。火野葦平の「麦と兵隊」（昭和十三年）以下のいわゆる戦争文学だけが公認されるという情況に次第に近づきつつあった。

戦後文学すなわち現代文学については、それにふれる余地を失った。ここで付言しておきたいことは、かつての戦争文学の代表者火野葦平が昭和二十三年に文筆家として追放指定を受けたことと、昭和四十三年にノーベル文学賞を受けた川端康成が、その四年後の四十七年に自殺して果てたこととである。

戦後の文壇は、特に今日は、ジャーナリズムの力の無限の伸長を特質とする。その時流に乗って、読者の多くを喜ばす作品は、『恍惚の人』『箱男』等々、次々に生み続けられているけれども、厳しい時の批判は、恐らくその永生を認めないであろう。

第十一章　作家の宿命

僕等は西洋的なる知性を経て、日本的なものの探求に帰つて来た。その巡歴の日は寒くして悲しかつた。なぜなら西洋的なるインテリジェンスは、大衆的にも、文壇的にも、この国の風土に根づくことがなかつたから。僕等は異端者として待遇され、エトランゼとして生活して来た。しかも今、日本的なるものへの批判と関心を持つ多くの人は、不思議にも皆この「異端者」とエトランゼの一群なのだ。或る皮相な見解者はこの現象を目してインテリの敗北だと言ひ、僕等の戦ひに於ける「卑怯な退却」だと宣言する。しかしながら僕等は、かつて一度も退却したことはなかつたのだ。（中略）

日本的なるものへの回帰！　それは僕等の詩人にとつて、よるべなき魂の悲しい漂泊者の歌を意味するのだ。誰れか軍隊の凱歌と共に、勇ましい進軍喇叭《らっぱ》で歌はれようか。かの声を大にして、僕等に国粋主義の号令をかけるものよ。暫く我が静かなる周囲を去れ。

これは、日本近代詩人の一典型萩原朔太郎が、昭和十二年十二月に発表した評論「日本への回帰」の一節である。この一文を冒頭にして、四十編の評論随筆をまとめた『日本への回帰』の刊行されたのは、翌十三年三月のことであった。昭和十三年という時点は、日華事変勃発《ぼっぱつ》の翌年である。国家総動員法の公布されたのはこの年の四月であった。そういう戦時体制への急転の時、文壇においても、河上徹太郎の「新日本主義文学の精神的地盤」(五月『中央公論』)、亀井勝一郎の「英雄主義と文学」(六月『新潮』)等の主張が発表され、火野葦平の「麦と兵隊」(八月『改造』)「土と兵隊」(十一月『文藝春秋』)に、異常な関心の高まりが示されたのであった。そういう時勢の中で、朔太郎は右の一文を発表したのであった。このとき、詩人朔太郎は、まさしく文壇人の、ないしはインテリの典型であった。一般に、真の詩、真の詩人とは、文学全体の、そして文壇人全体の表象にほかならないのである。と同時に、人間にとって危機とは、常に自己暴露の危機なのである。これらのことを考えて、もう一度、冒頭の引用を省みると、そこにおのずから、詩人朔太郎の、社会的危機における自己暴露を見ることができるであろう。そしてそれが一切のごまかしをともなわない告白であったこと、内的心情の誠実な記述であったことによって、そこに自然に浮かび上がらずにはいないもの、それが近代日本の作家の宿命である。

日本の近代文学の出発点となった二葉亭四迷の『浮雲』(明治二十年―二十二年)は、主人公文三の次のような心情の表白に終わる。

喜んで宜《よ》いものか、悲んで宜いものか、殆ど我にも胡乱《うろん》になつて来たので、宛《あたか》も遠方から撩《こそぐ》る真似《まね》をされたやうに、思ひ切つては笑ふ事も出来ず、泣く事も出来ず、快と不快との間に心を迷《まよは》せながら、暫く縁側を往《ゆ》きつ戻《もど》りつしてゐた。

まさに「浮雲」である。明治二十年代の初めに描出されたインテリ文三のこの暗い心情は、ほぼそのまま、自らを「二葉亭四迷」(くたばってしまえ)と呼ばなければならなかった作者自身のものでもあった。

森鷗外が「Resignation の説」を示したのは、明治四十二年のことであった。

私の心持を何といふ詞で言ひあらはしたら好いかと云ふと、Resignation（あきらめ）だと云つて宜しいやうです。私は文芸ばかりではない。世の中のどの方面に於ても此心持でゐる。それで余所《よそ》の人が、私の事をさぞ苦痛をしてゐるだらうと思つてゐる時に、私は存外平気でゐるのです。

鷗外の心情も、単に「平気」ではなく「存外平気」だったのである。「存外平気」とは本来平気でいられないのに「存外」に平気でいられるという告白である。夏目漱石が、力作『それから』を次のような表現で結んだのも、同じ四十二年のことであった。

電車が急に角を曲るとき、風船玉は追懸けて来て、代助の頭に飛び付いた。小包郵便を載せた赤い車がはつと電車と摺《す》れ違ふとき、又代助の頭の中に吸ひ込まれた。烟草《たばこ》屋の暖簾《のれん》が赤かつた。売出しの旗も赤かつた。電柱が赤かつた。赤ペンキの看板がそれから、それへと続いた。仕舞《しまひ》には世の中が真赤になつた。さうして、代助の頭を中心としてくるり〳〵と燄《ほのほ》の息を吹いて回転した。代助は自分の頭が焼け尽きる迄電車に乗つて行かうと決心した。

代助をつつんだ「真赤になつた」世の中とは、美しく楽しい世の中では断じてない。それは、代助の「それから」の人生をおおう異常な苦悩の世界の暗示にほかならなかった。

朔太郎が「日本への回帰」の中で、自らをこめて、「日本への回帰」を願うものを『異端者』とエトランゼの一群」と記しているが、明治につぐ大正期の文壇において、異端者の典型は、谷崎潤一郎であった。感性美の追求にその作家的生涯を投入して悔いることのなかった谷崎ではあったが、そういう谷崎の内にも、ある宿命の影が落ちていた。

「お前の苦しみは天の罰だ。天に逆つて生きて行かうとする人間の、誰でもが受けなければならない罰だ。お前のやうな人間が、生意気にも天に逆つて生きようとすれば、結局狂人になつてしまふのだ。お前はそれでもお前の生活を改めようとしないのか。」

彼は斯ふ云ふ良心の囁きを聞いた。

これは、大正六年の作品「異端者の悲しみ」の主人公章三郎の心情である。この谷崎によって、大学入学のころ、文学への目を開くという恩恵を受けた大正文学の星芥川龍之介は、自らの死を覚悟した晩年において、その内的風景を美しい緊迫した表現において示す数々の作品を残した。ここに引くのは、「侏儒の言葉」(大正十二年—昭和二年) の結末に近い「人生」と、結末の一章「或夜の感想」とである。短章二百五十八からなるこの評論・随筆の集録において、前者は第二百五十四章、後者は言うまでもなく第二百五十八章である。いずれも全文である。

人生

革命に革命を重ねたとしても、我我人間の生活は「選ばれたる少数」を除きさへすれば、いつも暗澹《あんたん》としてゐる筈である。しかも「選ばれたる少数」とは「阿呆と悪党と」の異名に過ぎない。

或夜の感想

眠りは死よりも愉快である。少くとも容易には違ひあるまい。（昭和改元の第二日）

「昭和改元の第二日」とは、昭和元年十二月二十六日である。右の二章は、いずれもこの日に書かれたものであろう。そうすると正に、翌二年七月二十四日に没した芥川にとっては、その死の七か月前の執筆である。そこで芥川は、自らの生の「暗澹としてゐる」ことを告げようとしたのであろう。しかしその内面は必ずしも明瞭ではない。なぜなら、自らの作を「侏儒の言葉」と名づけ、さらには遺稿となった最後の作品を「或阿呆の一生」（昭和二年六月作）と名づけた芥川だからである。もし芥川が本当に「侏儒」であり、「阿呆」であったとしたら、「人生」の表現における「選ばれたる少数」の一人に加わることとなる。しかし、もともと反語の好きな芥川が、自らを呼んだ「侏儒」「阿呆」ということばは、逆に、自らの内に何等かの天才を認めたからこそ出来たのだったにちがいない。そうだとすると、芥川の「人生」は、やはり「暗澹」たるものであったにちがいない。そういう反語的表現は、「或夜の感想」にもつきまとっている。ここで芥川は、眠りを楽しもうと言っているのではない。逆に、「容易」ならぬ「死」への近接を暗示している。

こういう芥川の内に、詩人朔太郎に寄せる共鳴のあったことは、無視できない真実である。少し長い引用をする。

萩原君は詩人たると共にこの情熱を錬金することに熱中せずにはゐられぬ思想家である。萩原君が室生犀星君と最も懸絶してゐる所はこの点にあると言つても好い。室生君は天上の神々の与へた詩人の智慧に安住してゐる。が、宿命は不幸にも萩原君には理智を与へた。僕は敢て「不幸にも」と言ひたい。理智はいつもダイナマイトである。時にはその所有者自身をも粉砕せずには置かぬダイナマイトである。（略）これは萩原君の悲劇であり、同時に又萩原君の栄光である。萩原君は今日の詩人たちよりも恐らくは明日の詩人たちに大きい影響を与へるであらう。（略）僕に言はせれば、萩原朔太郎自身こそ正に（略）天上の神々が「詩」を造らうとした試験管である。

ここで、芥川が自らを朔太郎と重ね合わしていることは明らかであろう。「宿命は不幸にも萩原君に理智を与へた」といい、それが「萩原君の悲劇であり、同時に又萩原君の栄光である」とは、明らかに芥川の自らに与へた批判でもあった。日本における近代作家、殊に自らの内に「理智」を持った真の近代作家の宿命の影の認識をここに見ることができるであろう。ここからもう一度、朔太郎の「日本への回帰」に返る。

冒頭の引用で明らかにされている心情は、「よるべなき魂の悲しい漂泊者の歌」にすがろうとする、それだけが自らの生に残された唯一の行路であるという宿命の自覚にほかならなかった。それは明らかに、朔太郎の内の詩的精神の残照、丁度今まさに沈もうとする太陽が、瞬間的に赤々と輝く夕映えであった。

現実は虚無である。今の日本には何物もない。一切の文化は喪失されてゐる。だが僕等の知性人は、かかる虚妄の中に抗争しながら、未来の建設に向つて這ひあがつてくる。僕等は絶対者の意志である。悩みつつ、嘆きつつ、悲しみつつ、そして尚、最も絶望的に失望しながら、しかも尚前進への意志を捨てないのだ。

過去に僕等は、知性人である故に孤独であり、西洋的である故にエトランゼだった。そして今日、祖国への批判と関心とを持つことから、一層また切実なジレンマに逢着して、二重に救ひがたく悩んでゐるのだ。孤独と寂寥《せきりよう》とは、この国に生れた知性人の、永遠に避けがたい運命なのだ。

これも「日本への回帰」の一節である。「永遠に避け難い運命」とは正に「宿命」である。この「知性人」の「宿命」の自覚は、今日只今の日本においても依然として存在し続けている。むしろ、こういう「宿命」の自覚と、そこから生ずる苦悩とに全く無縁の存在は、もともと「知性人」ではないのである。最初期の一詩編を引いて、詩人朔太郎における「知性」を見よう。これは、大正二年五月、北原白秋の主宰する詩誌『朱欒（ザンボア）』に投稿して採用された詩である。

桜

桜のしたに人あまたつどひ居ぬ

なにをして遊ぶならむ。
われも桜の木の下に立ちてみたれども
わがこころはつめたくして
花びらの散りておつるにも涙こぼるるのみ。
いとほしや
いま春の日のまひるどき
あながちに悲しきものをみつめたる我にしもあらぬを。

日本における作家の人生は、大きく三つの類型に分けて、これを考えることができる。その一つは、芥川龍之介の生に表象される型である。

芸術家が退歩する時、常に一種の自動作用が始まる。と云ふ意味は、同じやうな作品ばかり書く事だ。自動作用が始まつたら、それは芸術家としての死に瀕したものと思はなければならぬ。

これは大正八年に書かれた「芸術その他」における自戒である。この自戒に即した生の困難さに対して、輝かしい情熱の残照を思い切って叩《たた》きつけた芥川は、僅か三十六歳でみずからの生を断った。

こういう芥川の生の対局にくるのが志賀直哉の生である。直哉は、書けるとき書き、書けないときは断じて書かないという態度を貫いて、九十年に近いその生を美しく完結したのであった。

私はものを覚えてゐようといふ気はなくなつたが、ものを識《し》るといふ興味は若い頃よりも却《かへ》つて強くなつたやうに感ずる。覚えるといふ事と識るといふ事とは似てゐるやうで異ふものだ。自然に対し、人生に対し、少しづつでも本統の事を識るといふ事は老年の最も大きな愉《たの》しみだと思ふやうになつた。

これは、昭和二十七年に書かれた「年頭所感」の一節である。このとき直哉は、既に七十歳であった。

この両極の中間に位置するのが夏目漱石の生である。それは単に、芥川的生と志賀的生との混在としてではなく、その調和であり、止揚であった。漱石は、作家としての「自動作用」をみずからに許さなかった。同時に、「識ること」への関心、特に人間を識ることへの関心は終生その内に在り続けた。そういう漱石は、死の直前まで、決してその筆を捨てなかった。漱石の一生は、一歩一歩山頂に向かい続けた。もし、最後の長編『明暗』が完結し、その次の作品、さらにその次の作品と書き続けられたとしたら、漱石は何段か山頂に迫ったであろう。しかし漱石の生は、僅か五十年に満たずして終わったのであった。それは芥川にも志賀にも実現できなかった作家の生の典型であった。だからこそ漱石という存在は、芥川にとっても志賀にとっても、崇敬の対象であったのである。その漱石の内に、作家の宿命の投影のあったことは言うまでもない。むしろ漱石の生のうちにこそ、日本の近代における作家の宿命の典型を見るべきであろう。漱石の最後の完結作『道草』の結末、主人公健三とその妻との対話をきこう。

「安心するかね」

「ええ安心よ。すつかり片付いちやつたんですもの」

「まだ中々片付きやしないよ」

「何うして」

「片付いたのは上部丈ぢやないか。だから御前は形式張つた女だといふんだ」

細君の顔には不審と反抗の色が見えた。

「ぢや何うすれば本当に片付くんです」

「世の中に片付くなんてものは殆どありやしない。一遍起つた事は何時迄も続くのさ。ただ色々な形に変るから他にも自分にも解らなくなる丈の事さ」

健三の口調は吐き出す様に苦々しかつた。細君は黙つて赤ん坊を抱上げた。

「おお好い子だ〳〵。御父さまの仰しやる事は何だかちつとも分りやしないわね」

細君は斯う云い〳〵、幾度か赤い頬に接吻した。

『道草』はここで終わる。漱石はここで立ちどまる。人生とは「道草」？　そうだとしても、自分のこの到達点に明るく静かに坐ることを自らに許さなかった漱石は、「健三の口調は吐き出す様に苦々しかつた」と告げなければならなかったのである。

人生の現実において「一遍起つたことは何時迄も続く」という認識は、疑いもなく一つの悟りであった。しかし、山頂への道は遠く、遥かであった。漱石は、さらに一歩、山頂すなわち現実の奥の奥に立ち向かうことをみずからに義務づけなければならなかった。そこに最後の作品『明暗』が生まれ、その『明暗』の完結を見ずに、漱石は死んだのである。

朔太郎は詩人であったが、詩人の生にも、こういう三つの類型が考えられることは言うまでもない。細説の余地はなくなったが、まず、僅か二十七歳にして自らその生を断った北村透谷の生がそこに浮かびあがらずにはいない。

嗚呼不幸なるは今の国民かな。彼等は洋上を渡り来りたる思想にあらざれば、一顧の価なしと信ずるの止むべからざるものあるか。彼等は模倣の渦巻に投げられて、何時まで斯くてあらんとする。今日の思想界、達士を俟《ま》つこと久し、何ぞ奮然として起り、十九世紀の世界に立つて恥づるなき創造的勢力を、此の国民の上に打ち建てざる。

詩人透谷の、心の底からの訴えである。この訴えは、しかし、透谷の死の前年のものであった。こういう怒りと悲しみと願いとに、透谷の詩的精神の高揚と絶望とが混在しなければならなかったところに、詩人の宿命の姿を見ることができるであろう。

そういう透谷の対局に来る一人は、朔太郎の終生の友室生犀星であろう。朔太郎は犀星を「所得人」と断定している。そして自分をその対極にくる「悔恨人」と告げる。昭和十一年に書かれた「所得人・室生犀星」の一節を見よう。

世には二種類の人間がある。一方の種属の者は、いつもムダな死金を使ひ、時間を空費し、無益に精力を消耗して、人生を虚妄の悔恨に終つてしまふ。彼等は「人生の浪費者」である。反対に他の者は、物質上にも精神上にも、巧みにそれの最高能率を利用して、人生も最も有意義に処世する。彼等は「人生の所得者」である。ところでこの前者の範疇《はんちゅう》は僕であり、後者の典型は室生犀星である。

朔太郎自ら、犀星の対局に自分を位置づけている以上、前述した止揚者の場に朔太郎を置くことは困難である。事実、透谷型と犀星型との調和・止揚者として朔太郎その人を考えることに多少の無理がともなわずにはいない。しかし、詩壇における漱石型に近い、心情的にも創造的にも非常に近い存在が、朔太郎であったことには疑いはない。なぜなら朔太郎の生そのものが、日本近代における詩人の宿命を、明瞭に告げているからである。

第十二章　近代文学のリアリティ

近代文学のrealityとは、近代文学の迫真性にほかならない。単にリアリズムという思潮に立った作品を指すのではなく、読者の内にどれほどの感銘を与え、どれほどの開眼をもたらすかということ、換言すれば、文学そのものの生命を指すのである。そういう近代文学のリアリティが、日本においてどのような相貌と展開とを示したかについて、一二の注目点を述べることとする。

頭をもたげよ、而して視よ、而して求めよ、高遠なる虚想を以て、真に広闊なる家屋、真に快美なる境地、真に雄大なる事業を視よ、而して求めよ、爾《なんじ》の Longing（あこがれ）を空際に投げよ、空際より、爾が人間に為すべきの天職を捉り来れ、嗚呼文士、何すれぞ局促として人生に相渉《あいわた》るを之れ求めむ。

これは明治二十六年二月、『文学界』に掲げられた北村透谷の叫びである。「人生に相渉るとは何の謂ぞ」という文題は、当代の文士に既に明らかにまとっていた「局促として人生に相渉る」風潮、すなわち、現実の生活にとらわれ、少しでもそれを高め豊かにしようとあくせくする生き方への鋭い反撥であった。人間が、自らの生活、妻子、父母をもこめた家の生活に深い関心を持つということは、当然のことである。しかし、そのための、そういう現実の生を支える手段としての文学は真の文学ではない——透谷はそう言っているのである。そういう透谷を、翌二十七年において死に追いやったのが、明治日本であった。『文学界』のロマン主義は、こういう透谷の死によって厚い壁に突き当たったことを告げた。そういう状況において、一時、ゾライズムが、若き日の永井荷風によって唱えられた。

余は専ら、祖先の遺伝と境遇に伴ふ暗黒なる幾多の慾情、腕力、暴行等の事実を憚りなく活写せんと欲す。

これは、明治三十五年に刊行された長編『地獄の花』の後書の一節である。しかし、こういう主張が、日本の文壇に根を下ろし、いわゆる自然主義の思潮が力強く文壇を制し始めたのは、かつての『文学界』同人であった島崎藤村の『破戒』が刊行された明治三十九年を契機としてであった。旧習打破を目指した、したがってロマン主義を内包した『破戒』に対して、翌四十年に発表された田山花袋の『蒲団』は明らかに性格を異にしていた。それは自己と、自己をめぐる現実の生のありのままの描写であった。そしてこの『蒲団』によって日本の自然主義はその性格を確立した。それは、大胆な、ありのままの自己暴露であった。先に引いた荷風のゾライズムとあるつながりを持つことは言うまでもないが、『蒲団』の文壇への影響は『地獄の花』の比ではなかった。

女のなつかしい油の匂ひと汗のにほひとが言ひも知らず時雄の胸をときめかした。夜着の襟の天鵞絨《びろうど》の際立つて汚れて居るのに顔を押附けて、心のゆくばかりなつかしい女の匂ひを嗅いだ。

性慾と悲哀と絶望とが忽ち時雄の胸を襲つた。時雄は其の蒲団を敷き、夜着をかけ、冷めたい汚れた天鵞絨の襟に顔を埋めて泣いた。
薄暗い一室、戸外には風が吹暴れて居た。

こういう「蒲団」の結末に、われわれは一つのリアリティを認めることができるのであろう。しかし、それが文学の唯一不変のリアリティであるとは考えられない。この花袋と漱石との間に生じた論争がそのことを告げている。

拵へものを苦にせられるよりも、生きて居るとしか思へぬ人間や、自然としか思へぬ脚色を拵へる方を苦心したら、どうだらう。拵へた人間が生きてゐるとしか思へなくなつて、拵へた脚色が自然としか思へぬならば、拵へた作者は一種のクリエーターである。拵へた事を誇りと心得る方が当然である。(中略)同時にいくら糊細工の臭味が少なくても、凡ての点に於て存在を認むるに足らぬ事実や実際の人間を書くのは、(中略)駄目である。花袋君も御同感だらうと思ふ。

これは明治四十一年十一月に『国民新聞』に掲げられた漱石の「田山花袋君に答

ふ」の一節である。しかし、花袋と漱石との文学観の相違は、決して消失しなかった。当時文壇を独占した自然派の側からは、漱石の作品が次々に『朝日新聞』に連載される度毎に、また「拵へもの」が出たと難じ続けたのであった。

明治四十四年四月『早稲田文学』に掲げられた「描写論」における花袋の漱石批判にもそれは明らかである。その一節を引こう。

『門』に出て来るお米と宗助に就いて見ても、二人がああいふ生活をしてゐるだけは解るが、それ以上に二人のパアソナリチーといふやうなものは出て居ない。ああいふ二人を自然にあつたものにして考へて見ると、何うしてもあれだけであるとは思はれない。生きたモデルがあつて、作者が十分に其真相を描かうとする心があつたら、決してあれだけではただ下らないと私は思ふ。そればかりではない、漱石氏の作には、よく作中人物の心理を揣摩して書いてある。そしてそれが作者の想像した一般的類型的の心理で、作中人物の箇々の心理でないことがよくある。そして氏はさうした心理は描くが、状態描写（此処から黙つてゐても作中人物の心理が出て来るのである）には、甚だ力を注いで居ない。

私は直ちに、両者のくいちがう主張のどちらに軍配をあげようというのではない。文学のリアリティというものの認識には、容易ならぬ困難がつきまとうということを言いたいのである。右の二つの引用に即して考えても、漱石のいう「凡ての点に於て存在を認むるに足らぬ事実や実際の人間を書くのは……駄目である」という主張も納得できるし、同時に花袋のいう「此処から黙つてゐても作中人物の心理が出て来る」ような「状態描写」の必要性も理解できる。

文学をめぐる問題の総てを通じ、その根底にあり続ける課題は、「何を、如何に描くか」ということである。「何を、如何に描くか」とは、「文学とは何か」と同義である。そこで、「何を」に関しては漱石のいう「凡ての点に於て存在を認むるに足る事実や人間」を、「如何に」に関しては、「黙つてゐても作中人物の心理が出て来る」ような「状態描写」に即して表現する、そこに文学、ことに近代小説のリアリティが生まれるのではなかろうか、という考え方を、この両者の前に提示したら、漱石・花袋は何というであろうか。少なくとも「拵へもの」論争には一応の切りがつくのではなかろうか。そしてそういう考え方は、自然に、漱石の主張に近接してゆく。何故なら、

「凡ての点に於て存在を認むるに足る事実や人間」は、当然、何等かの価値を内包する「歴史的事実」であり、特定の歴史的時を生きた「人間典型」でなければならないからである。そういう「事実」や「人間」の「状態描写」は、おのずから、単に自己と自己の周辺との描写とは性格を異にするはずだからである。そのことと併せて、ここで言わなくてはならないことは、右の花袋の主張は、比較的一般に理解されているのに対して、漱石の主張は必ずしも正当に理解されなかったということである。

文学のリアリティとは、決して、単にリアリズムという方式を指すものでないことは、先にも記したが、ある作品が本当に生命を持ち、持ち続けるための不可欠の前提の一つは、その作品に、何等かの歴史的課題、それの解決への意志がふくまれているということなのである。自然派の合言葉であった「無理想」「無解決」も、明治末年という時代においては、確かに一つの「歴史的課題」への反応であった。国家的権威から特定の理想を強制され続け、国家的利害から解決を強要され続けた歴史的時代に、「無理想」「無解決」を唱えることは、明らかに歴史的意義を持ったにちがいない。しかし、そういう態度は、明らかに「否定的」ないし「消極的」である。そこには、真の「理想」、真の「解決」への積極的提示はない。自然派の文学が、次第に、身辺瑣事の描写、後に「私小説」と呼ばれるに到る作品に落ちて行かなければならなかった素因をここに見て誤りではないであろう。文学のリアリティとは、その意味で、その作に何らかの歴史の影が差し、その暗影を如何にして乗り越えるかという積極性と無縁なものではあり得ないこと、その認識が重要である。

　苟くも文学を以て生命とするものならば単に美といふ丈では満足が出来ない。丁度維新の当士〔志〕勤王家が困苦をなめた様な了見にならなくては駄目だらうと思ふ。間違つたら神経衰弱でも気違でも入牢でも何でもする了見でなくては文学者になれまいと思ふ。文学者はノンキに、超然と、ウツクシがつて世間と相遠かる様な小天地ばかりに居ればそれぎりだが大きな世界に出れば只愉快を得る為めだ抔《など》とは云ふて居られぬ進んで苦痛を求める為めでなくてはなるまいと思ふ。

　君の趣味から云ふと（中略）自分のウツクシイと思ふ事ばかりかいて、それで文学者だと澄まして居る様になりはせぬかと思ふ。現実世界は無論さうはゆかぬ。文学世界も亦さう許りではゆくまい。

これは、明治三十九年十月二十六日、漱石が鈴木三重吉に送った教訓である。漱石文学の生命の一つの根の所在はここにも明らかであろう。それは漱石の内に、単なる美の追求でも、単なる真の認識でもなく、この両者の融和を求めようとする心情のあったことである。ここから目を大正期に転じよう。

大正期、ことにその後半期において、しばしば「小説の神様」と呼ばれたのは志賀直哉であった。芥川龍之介がその死の年昭和二年に『改造』に連載した評論「文芸的な、余りに文芸的な」の第五章「志賀直哉氏」において、次の四点にしぼって、その人と作品とを論じている。論じているというよりは讃《たた》えていると言うべきであろう。冒頭において、「志賀直哉氏は僕等のうちでも最も純粋な作家」と断定している芥川であった。その芥川の指摘を凝縮して示すと、次の如くである。

㈠志賀直哉氏の作品は何よりも先にこの人生を立派に生きてゐる作家の作品である。立派に？（中略）「道徳的に清潔に」と云ふ意味である。（中略）長篇「暗夜行路」を一貫するものは実にこの感じ易い道徳的魂の苦痛である。
直哉の唯一の長編『暗夜行路』については、遺稿「歯車」の第三章「夜」においても次のように記している。

やつと彼の帰つた後、僕はベッドの上に転がつたまま、「暗夜行路」を読みはじめた。主人公の精神的闘争は一々僕には痛切だつた。僕はこの主人公に比べると、どのくらゐ僕の阿呆だつたかを感じ、いつか涙を流してゐた。

「志賀直哉氏」における第二の指摘を引く。

(二)志賀直哉氏は描写の上には空想を頼まないリアリストである。その又リアリズムの細に入つてゐることは少しも前人の後に落ちない。若しこの一点を論ずるとすれば、僕は何の誇張もなしにトルストイよりも細かいと言ひ得るであらう。

次に第三点を引こう。

㈢しかし描写上のリアリズムは必しも志賀直哉氏に限つたことではない。同氏はこのリアリズムに東洋的伝統の上に立つた詩的精神を流しこんでゐる。（中略）「焚火」、「真鶴」等の作品は殆どかう云ふ特色の上に全生命を託したものであらう。

第四の指摘を引くが、その後にもう一つの指摘が付けられているけれども、これは付記であるから、今は四点にしぼることとしたのである。

㈣やはり作家たる僕は志賀直哉氏のテクニイクにも注意を怠らない一人である。「暗夜行路」の後篇はこの同氏のテクニイクの上にも一進歩を遂げてゐるものであらう。

こういう四点の指摘を通して、晩年の芥川の内にあり続けたものが、作家の生における真・美・善の調和への願望であったことはほぼ明らかであろう。それは「道徳的魂」と「詩的精神」の融和であり、「リアリズム」と「テクニイク」との相互媒介であり、如上のすべてが、志賀直哉という存在に血肉化されているということへの憧憬《どうけい》である。芥川は第四点の指摘のために「初期の志賀直哉氏さへ、立派なテクニイクの持ち主だつたことを手短かに示したい」と記して、「彼と六つ上の女」の結末を引用している。この作品は明治四十三年九月号の『白樺』に掲げられた作品である。私はそれよりも、芥川自身も「一進歩」を認めている『暗夜行路』後編の結末を引いて、文学のリアリティの表象としたい。

直子は口を利くと、泣出しさうなので、只点頭《うなづ》いてゐた。謙作は尚、直子の顔をしきりに眺めてゐたが、暫くすると、

「私は今、実にいい気持なのだよ」と云つた。

「いや！　そんな事を仰有つちやあ」直子は発作的に思はず烈しく云つたが、「先生は、なんにも心配のない病気だと云つていらつしやるのよ」と云ひ直した。

謙作は疲れたらしく、手を握らしたまま眼をつむつて了つた。穏かな顔だつた。

直子は謙作のかういふ顔を初めて見るやうに思つた。そして此人は此儘、助からないのではないかと思つた。然し、不思議に、それは直子をそれ程、悲しませなかつた。直子は引込まれるやうに何時までも、その顔を見詰めてゐた。そして、直子は、

「助かるにしろ、助からぬにしろ、兎に角、自分は此人を離れず、何所までも此人に随《つ》いて行くのだ」といふやうな事を切《しきり》に思ひつづけた。

芥川の死は昭和二年夏七月のことであったが、それが一つの契機ともなって、大正文学の否定的継承として、昭和文学の展開が始まった。その新風を形成したものは、新感覚派の文学とプロレタリア文学とであった。横光利一を中心に展開した新感覚派の運動は、大正文学の到達点となった心境小説への反撥であった。

「捽へもの」は何故に「捽へもの」とならなければならないか。それは一つの強き主観の所有者が古き審美と習性とを蹂躙し、より端的に世界観念へ飛躍せんとした現象の結果であり効果である。

これは横光の「感覚活動」（大正十四）の一節であるが、ここにも「搿へもの」という非難への反撥の見られることは興味深い。漱石の場合もそうであった。こういう新感覚派の台頭にも、歴史的意義が認められることは言うまでもないが、昭和初年の文壇においてより明確に、歴史的意義をになって登場したのはプロレタリア文学であった。新感覚派が技法上の文学革新を目指したのに対して、プロレタリア派は、世界観上の革命文学を目指したのであった。このプロレタリア文学の出現によって、わが国の近代文学は、はじめて、強力な思想の洗礼を受けた。革命を目指す思想体系であったマルキシズムによって、文学の新しい社会的・階級的使命がうち立てられた。このことは、在来の文化一般、文学の全体を、ブルジョア文学として否定するという、かつて考えられなかった新しい思考の誕生であった。その道は当然、けわしいものとならずにはいなかった。それだけに、歴史の影もまた深くその文学に宿った。大正十二年の関東大震災によって触発された人心の不安と絶望、次第にけわしさを増した労資の対立、失業者群の増大等々の歴史的現象は、たとえば徳永直の『太陽のない街』に明らかな投影を示していた。大正十五年に起こった共同印刷という大きな会社の激しい争議が、この作の素材である。この作は昭和四年六月から十一月にかけてナップ（全日本無産者芸術団体協議会）の機関誌『戦旗』に連載された力作である。ここには、同じ『戦旗』派の一人中野重治の力作『歌のわかれ』の結末を引こう。既に当局の圧力によって転向時代に突き落とされていた昭和十四年の作品であるが、主人公安吉は、大学生時代の作者自身である。重治の大学入学は大正十三年四月である。

げっそりした気持ちで彼は本郷通りを歩いて帰った。彼は袖を振るようにしてうつむいて急ぎながら、なんとなくこれで短歌ともお別れだという気がしてきてならなかった。短歌とのお別れということは、このさい彼には短歌的なものとの別れということでもあった。それが何を意味するかは彼にもわからなかった。

（中略）

彼は手で頬を撫でた。長い間彼をなやましてきたニキビがいつのまにか消えてしまって、今ではそこが一面の孔だらけになっていた。いつから孔だらけになったか彼は知らなかった。しかし今となってはその孔だらけの皮膚をさらしてゆくほかはなかった。彼は兇暴なものに立ちむかってゆきたいと思いはじめていた。

「歌のわかれ」を自らの中に感得し、「兇暴なもの」に立ちむかっていった中野重治の生は、その後どのように展開したかは、今日のわれわれには明らかである。そのことが、右に引いた一節のリアリティの証明でもある。

文学のリアリティとは、文学の生命であると同時に、作家の生命にほかならないのである。

十二章にわたって連述した近代文学談義をここで終わることとする。最後に是非一言しておきたいことは、文学は人間学であるということである。近代文学にさまざまに表現された人間、それぞれの時を生きた人間のそれぞれの喜びと悲しみとを体得することは、やがて自然に、今日を生きつつある人間、殊に年若き人々にとって、自我確立のための何よりの手助けとなるにちがいない。

文学、真の文学を読むこと——これが私の最後の念願である。

付記　解説

(1)　個人主義

現代文、その典型としての近代文学読解に不可欠の根底となる概念十を選んで、近代文学との関連を重視しつつ簡略に解説することとする。

個人主義（英 Individualism　仏 Individualisme　独 Individualismus）は、大別して二種とすることができる。それは量的・利己的個人主義と、質的・理想的個人主義とである。前者は、個人としての自覚の内容が、数量上の一個人としての価値と権利とに止まるために、人格の感性的自然の面が主にありがちである。個人の本性を、専ら快楽を求め、苦悩を避ける利己的心情に於て認めようとするこの立場は、言うまでもなく、近代日本の文壇における耽美派とつながるであろう。その耽美派の中核をなした谷崎潤一郎の主張を引く。

「『世の中は美しいからつぽである。』と云ふ事——此れが彼の小説の基礎をなして居る、（略）無精極まる哲学であつた。（略）然るに、彼の所謂『美』と云ふものが全然実感的な、官能的な世界にのみ限られて居る（略）」（「饒太郎」）

こういう前者に対して、後者は、理想的個性の実現発揮を目的とするものであった。ここでも、自らの信ずる理想に対する一切の批判を排除するという独断的心情が生動し続けた。耽美派と並んで自然派に反撥した白樺派の自我主義がこの後者であった。白樺派の中核先導者であった武者小路実篤のことばを引く。

「自分がかく感じるといふことは、自分は或るものによつてかく感じるやうに作られたりといふことだと思つてゐる。」（傍点筆者）

「或るもの」は時に「宇宙の意志」といわれ、「自然」「本能」ともいわれている。いずれにしろ人間を越えたイデアであることに疑いはない。白樺派の自我主義――人道主義の母胎がここにあったのである。

(2) ヒューマニズム

ヒューマニズム（英 Humanism 仏 Humanisme 独 Humanismus）は、人文主義または人本主義と訳されている。人間主義、人道主義とも言われている。ヒューマニズムが世界史的な意義を獲得し、一個の思想的な形態をとるにいたったのは、ルネサンス以来のことであった。中世封建制度の非人間的な重圧から人間そのものを救い出し、人間性をその本来の面目にまで回復することが、ルネサンス・ヒューマニズムの、最大の眼目であった。

「代助は、自己本来の活動を、自己本来の目的としてゐた。歩きたいから歩く。すると歩くのが目的になる。考へたいから考へる。すると考へるのが目的になる。それ以外の目的を以て、歩いたり、考へたりするのは、歩行と思考の堕落になる……」

漱石が『それから』の主人公をしてこう告げさせたのは、明治四十二年のことであった。

　こういう代助のヒューマニズムは、明治末日本においては決して一般化しなかったが、この漱石の主張に大きな感銘を示したのが、武者小路実篤、ひいては『白樺』派の同人達であった。そういう『白樺』派の到達して行ったのは人道主義であった。

　大正後半期に到って、漸くヒューマニズムも認められ始めたけれども、芥川龍之介のいう、「神々に近い『我』の世界」も決して西欧ヒューマニズムの血肉化とまでは行かなかった。換言すれば、今日の日本にとっても、ヒューマニズムの具現は重大な一課題である。しかもそこには、明治、大正、昭和前期の場合に比して新しい問題点も生じている。それは、科学が極端にまでの進歩をたどったことによって、逆にそれが人間殲《せん》滅の力にまで発展してきたことである。そういう科学の暴力から人間を解放し、人間性を擁護することに現代ヒューマニズムの最大の意義を認めていいであろう。

(3) 個　性

　個性とは、一の人格者を他の人格者と異別する性質・特徴を意味する。しかし、単に異別するというだけであったら、何人にもあり得るであろう。無数の人類の中において、完全に同じ人間は一組もあり得ないからである。個性とは、そういう単なる異別ではなく、何等かの価値に近づく点の相異を意味するのである。例えば、毎日遅刻する学生が、それを自分の個性と考えるのは明らかに誤解である。そういう、単なる異別を個性だとしたら、人が人を殺すということを実行した人間は、偉大な個性人となるであろう。そうではない。個性とは、絶対普遍的道徳価値の身体的実現で、単一独特他の如何なるものとも異って、而も普遍性を有するもの、特異性と同時に普遍妥当性の内在するものを指すのである。芥川龍之介の「神々に近い『我』の世界」という表現は、個性というものの正確な告示である。これは、芥川の遺稿「或阿呆の一生」（昭和二・十『改造』）の第五章「我」に記されていることばである。こういう個性が、文壇において一般に認められるようになったのは、大正後半期においてであった。自然派、耽美派、白樺派それぞれの、流派としての制約から脱して、作家各自の個性を認めあうという、個性尊重の時、それが大正後半期であった。しかし、そういう大正後半期文学が、僅か五・六年にして「心境小説」というイデアに縋《すが》らなければならなかった。換言すれば日本近代作家における真の個性の浅薄さのあらわれであった。こういう文壇的、作家的現実を、明治四十二年という時点で、明確に予告したのが夏目漱石であった。『それから』の一節を引く。

「日本は西洋から借金でもしなければ、到底立ち行かない国だ。それでゐて、一等国を以て任じてゐる。（略）あらゆる方面に向つて、奥行を削つて、一等国丈の間口を張つちまつた。」

(4) 美意識

美的なものの創造、観照など美的態度一般における精神の活動を、換言すれば、美的活動の主体を美意識という。

人間の内的価値は、「真・善・美」ということばで表現されている。その一つが欠けると人格には傷がつくが、右の三点のどこに重点をおくかは個性の形成である。芥川龍之介は著名な「大正八年度の文芸界」（八・十二『毎日年鑑』）でその新風を次のように告げている。

「自然主義以来代る〲日本の文壇に君臨した、『真』と『美』と『善』との三つの理想を調和しやうとしてゐる事である。」

一般には「真・善・美」といわれるのを、芥川が「真・美・善」と告げているのは、明治末年から大正前期にかけて、文壇が、自然派・耽美派・『白樺』派の順に君臨されていたからである。ここから耽美派の美意識を、この派の典型であった谷崎潤一郎に即して見よう。文壇的処女作「刺青」（明治四十三）の主人公清吉の心情は潤一郎の美意識である。

「彼の年来の宿願は、光輝ある美女の肌を得て、それへ己れの魂を刺り込む事であつた。その女の素質と容貌とに就いては、いろいろの注文があつた。啻に美しい顔、美しい肌とのみでは、彼は中々満足する事が出来なかつた。（略）まだ見ぬ人の姿かたちを心に描いて、三年四年は空しく憧れながらも、彼はなほ其の願ひを捨てずに居た。」

刺青師清吉の内に、美的規範が在り続けたことはここに明らかである。それはとりも直さず、作家谷崎自体の、生涯を通じて不動であった感性美追尋という個性の基盤であった。そういう谷崎の先達ワイルドは、

『ドリアン・グレイの画像』（一八九一）自序で言う。

(1)芸術家は諸々の美しきものを創造するひと……。

(2)凡そ道徳的な書とか不道徳な書などというが如きものはあり得ない。

(3)あらゆる芸術は無用のものである。

(5)　リアリズム

リアリズム（英 Realism　仏 Réalisme　独 Realismus）は、現実をありのままに描写する傾向を指し、理想主義と相対立する基本類型である。十九世紀後半の一八五〇年から八〇年ごろまで西欧文芸思潮の主流をなしたのがリアリズムであった。この思潮に乗って、フランスからはバルザック、フローベール、イギリスからはサッカレ、ディッケンズ、ドイツからはヘッベル、ケラー、それに加えてロシアからはトルストイ、ドストエフスキー等々の大作家等が輩出した。このリアリズムを、更に実証的に、科学的に徹底させたゾラの「実験小説」、「意識の流れ」の追究を深めたのが、プルーストの諸作であった。そこに自然主義が生まれたのであった。西欧における自然主義とは、極端に言えば、文学における自然科学主義であった。

「小説神髄」（坪内逍遙・明治一八）の写実主義的主張と、その実践としての「浮雲」（二葉亭四迷・明治二十―二十二）の出現とによって展開を始めた日本近代文学においてもリアリズムは不動の底流であった。そして、明治四十年代は、自然主義文学の最盛期となった。しかし、日本近代における自然主義は、西欧の自然主義とは質を異にし、正にリアリズムに他ならなかった。「人情世態を写すを骨髄」という逍遙の主張が、自然派によって着々と実践されたのであった。自然派の中核をなした田山花袋の「露骨なる描写」（明治三十七）の一節を引いて、日本自然派の性格を示す。

「……十九世紀革新以後の泰西の文学は（略）何事も露骨でなければならん、何事も真相でなければならん、何事も自然でなければならんと言ふ叫声が大陸の文学の到る処に行き渡つて、（略）ロマンチシズムを蹂躙して了つたではないか。（略）虚言と思はば、イブセンを見よ、トルストイを見よ、ゾラを見よ、ドストイエフスキーを見よ、（後略）」

(6) **ロマンチシズム**

ロマンチシズム（英 Romanticism 仏 Romantisme 独 Romantik）は、西欧中世においては、中世騎士の空想的冒険譚を書くことを意味していたが、十八世紀後半に到って古典主義への反動として新しい文芸思潮が生じたとき、この流派に属する作家達が、自らの立場を浪漫主義と称したのであった。したがって、近代文学におけるロマンチシズムとは、旧習打破を本質とした立場を意味したのであった。古典主義における如く厳格な規則や秩序に拘束されず、豊かな想像力を用い、奔放な感情の流出を目ざした。こういう文芸運動は、時代精神の一般的変遷を背景として発達したもので、他の芸術分野にも大きな投影を示し、更には哲学・歴史学の思想とも密接な関連を持った。その意味では、浪漫主義は文芸史上の一時代的様式たるにとどまらず、精神史上の一時代思潮を指すものとも言えよう。

明治日本の文壇にはじめて「情熱《パッション》」の語を導入した北村透谷が、島崎藤村・平田禿木・馬場孤蝶等とともに『文学界』を創刊したのは明治二十六年のことであった。西欧浪漫主義思潮は、ここに始めてその清新な息吹を日本文壇に吹き送ることとなった。「内部生命論」(明治二十六)に明らかなように透谷は、近代的自我の内面的把握と、それに根ざした文学観の形成に情熱を傾けた。それは硯友社一派尾崎紅葉達の前近代的人間観への徹底的な闘争であった。その結果彼は、明治社会の現実的拘束力の為に、二十七歳の若さで自ら生命を断った。そういう状況を経て日本文壇に、「新浪漫派」の誕生したのは、森鷗外の『スバル』創刊を契機として、永井荷風・谷崎潤一郎の文壇登場の始まった明治四十二年から大正初年にかけてのことであった。近代耽美派がその実体であった。そういう新浪漫派にも文壇の反撥は強く、それ故に耽美派の情熱も異常な高揚を示したのであった。

(7) 人生観

人生観とは、人生の真実は何であり、人生は如何に生くべきか、に対する全体的、統一的、直観的な見方をいう。したがって、これは当然哲学や宗教の問題に帰着する。そして様々な立場が現れた。厭世観と楽天観、唯物論と唯心論、現実主義と理想主義等々。ここでは日本近代文学における人生観、換言すれば、日本近代作家の人生観についてふれる。

「兎に角現象を現象として見る気分、其処から新しい描写論が出立する。そして始めて再現といふことが言はれる。（略）事実其ものに意味を発見して、人生の雑多紛々を唯単に雑多紛々とせずに、其処に意味を発見する処に、現象を現象として見る気分がある。」

これは自然派の中核田山花袋の「描写論」（明治四十四）の一節である。こういう自然派の対極に立った夏目漱石のことばを引く。

「代助は、自己本来の活動を、自己本来の目的としてゐた。歩きたいから歩く。すると歩くのが目的になる。考へたいから考へる。すると考へるのが目的になる。それ以外の目的を以て、歩いたり、考へたりするのは、歩行と思考の堕落になる……」

これは「それから」（明治四二）の主人公の人生観である。この作に深い感銘を受けた武者小路実篤の自我主義、ひいては『白樺』派自体のそれを、四十四年の『白樺』において次のように告げた実篤であった。

「自分がかく感じるといふことは、自分は或るものによつてかく感じるやうに作られたりと云ふことだと思つてゐる。」

こういう『白樺』と並んだ反自然主義の新風耽美派の到達点を示した谷崎潤一郎の「異端者の悲しみ」（大正六）を聞こう。

「誰が己を、天に逆つて生きなければならないやうな人間に生んだのだ。善に対して真剣になれず、美しき悪業に対してのみ真剣になれるやうな、奇態な性癖を己に生みつけたのは誰なのだ。己は己の背徳について、天罰を受ける覚えはない！」

(8) 自然観

人間の自然観は、美的世界において最も純粋にあらわれる。英国の哲学者シラー（一八六四―一九三七）は次のように告げている。人間はもともと自らが自然であったのだから近代的人間は失われた自然への憧《あこが》れの感情を抱くべきである、と。この意味においては自然感情は、人間の母体、純粋な人間性への憧れを内包するものといえる。しかしそれは必ずしも自然をそのままの姿において肯定し、深い愛情をもって包みこむとは限らない。カント（一七二四―一八〇四）が星の輝く天空に対して賞讃の言葉を贈ったのも、単なる自然の外形に対してではなく、自然の外形を否定することを通して、かえって自然の本質的なものに対する畏敬《いけい》の念を抱いた心情の表白であった。そういう錯雑した自然観について、日本の近代作家は如何に対処したであろうか。

作家の自然観は自然に人間観ともつながりを持つのであるが、ここでは先ず、自然主義文学の作者の態度にふれることとする。日本近代の自然派にとって何より大きな理念は、自らの内的自然の肯定であった。しかも日本の自然派の内的自然の中核をなしたのは、性欲に他ならなかった。

「金井君は自然派の小説を読む度に、その作中の人物が、行住坐臥造次顚沛《てんぱい》、何に就けても性欲的写象を伴ふのを見て、そして批評が、それを人生を写し得たものとして認めてゐるのを見て、人生は果してそんなものであらうかと思ふ……」

これは森鷗外の「ヰタ・セクスアリス」(明治四十二)の一節である。

こういう自然派の次元の低い人間観即自然観、人間の内的自然の性欲的肯定に加えて、もう一つ付言しておきたいことは、日本人の美意識のあいまいさである。自然は、人間の美意識によって美しくなったはずなのに、流行現象を追って自然美を追いもとめている。この現象は今日も少しも消えてはいない。

(9) 文　化

文化とは自然に対応する語である。自然の事実を一定の標準に照らして支配し、形成し、窮極においてその理想を実現せんとする過程の総称を文化という。かかる過程の成果、産物を文化財という。学問・芸術・道徳・宗教・法律・経済等がこれである。文化財はそれぞれの価値を持った客観的実在であるが、純粋な価値そのものではない。純粋なる価値そのものとして文化財から区別せられるものは、これを文化価値という。これは、文化史上の諸々の価値・文化財一般の理想・目標である。ここでは、そういう文化財の一面を占める芸術・文学に関して日本近代における文化の在り方について記すこととする。

明治日本は、周知の通り、実学尊重の時代であった。したがって、文学などというものは、一般大衆には理解されなかった。上流階層にも理解されなかった。そういう明治日本のインテリの二典型、森鷗外・夏目漱石の啓蒙のことばを引こう。鷗外は明治十四年、東大医学部卒業、漱石は明治二十六年、東大英文科を卒業した。

「予が医学を以て相交はる人は、他《あれ》は小説家だから与に医学を談ずるには足らないと云ひ、予が官職を以て相対する人は、他《あれ》は小説家だから重事を托《たく》するには足らないと云つて、暗々裡に我進歩を礙《さまた》げ、我成功を挫いたことは幾何《いくばく》といふことを知らない。」

これは、左遷された鷗外が『福岡日日新聞』に掲げた「鷗外漁史とは誰ぞ」の嘆声である。

「日本は西洋から借金でもしなければ、到底立ち行かない国だ。それでゐて、一等国を以て任じてゐる。さうして無理にも一等国の仲間入りをしやうとする。だから、あらゆる方面に向つて奥行を削つて、一等国丈の間口を張つちまつた。(略)其影響はみんな我々個人の上に反射してゐるから見給へ、(略)話をして見給へ、大抵は馬鹿だから。」

『それから』の主人公のこれも嘆声である。

(10) 幸福

学問としての文学とは人間学である。このことは、私が学生、国文学専攻の学生達に言い続けている、私の体験に即した訓戒である。そのことを「幸福」ということに即して一二記することとする。

幸福——本当の幸福を喜ぶためには、不可欠の前提がある。その第一は、「日の要求」を果たす、果たし続けるということである。そのことを私に教えたのは、鷗外の「妄想」(明治四十四)を読み、そこに引かれているゲーテ晩年の訓戒に接したことであった。
「『奈何《いか》にして人は己《おのれ》を知ることを得べきか。省察を以てしては決して能はざらん。されど行為を以てしては或は能くせむ。汝の義務を果さんと試みよ。やがて汝の価値を知らむ。汝の義務とは何ぞ。日の要求なり。』これはGoetheの詞である。」

　何等かの価値につながる「日の要求」を果たす、そこに本当の幸福が生ずるのである。これは不動の真理である。人間は誰でも、怠けたり、ごまかしたりしていたのでは本当の幸福にはなれないのである。

　もう一つ、志賀直哉の唯一の長編『暗夜行路』から、その主人公のことばを引く。
「……取らねばならぬ経過は泣いても笑っても取るのが本統だ……」

　この作の主人公時任謙作のこの態度は、全く作者その人のものだったのである。志賀直哉は、本当に書きたい時書く、書きたくないときは書かないという態度を、生涯を通じて保ち続けた作家、決してジャアナリストの命令に従ったりしない作家であった。そういう直哉をさして、既に死を決意した芥川龍之介は、「文芸的な、余りに文芸的な」（昭和二）において次のように告げている。
「志賀直哉氏の作品は何よりも先にこの人生を立派に生きてゐる作家の作品である。」

　本当に幸福になるための不可欠の二前提であろう。

解説——乗り越えてきたもの、受け継いできたもの

石原千秋

懐かしい本だ。その懐かしさには二つの意味がある。一つ目は、僕が成城大学の学生時代に聴いた講義が凝縮された本だからだ。これは僕個人の感慨だろう。二つ目は、僕たちの世代が乗り越えてきた文学観が凝縮された本でもあるからだ。これは僕たちの世代の研究者が共有できる感慨だろう。その意味で、『現代文読解の根底』はある時代の刻印をはっきり帯びた本ではあるかもしれないが、過去の本になってしまったわけでもない。

高田瑞穂先生は「現代的意義」ということをよく口にした。ゼミに所属していた僕が漱石文学に関する卒業論文の目次を持っていったら、高田先生は最終章として「漱石文学の現代的意義」と書き足したのだった。生意気盛りの僕はもちろんその章を書

かなかったが、いまではなんとなくわかる気がする。そして、この本こそが「日本近代文学の現代的意義」を説いたものだった。しかも、受験生にだ。当時としても、高田先生は受験生を買いかぶっていたのかもしれない。

この本を読んで驚かされるのは、高田先生の教養の広さと深さだ。東京帝国大学で国文学を学んだあと（卒業論文は谷崎潤一郎論である）大学院の哲学科に進学したから、この本でもたとえばプラトン哲学の解説がごく自然に出てくる。それを割り引いても、この世代の文学研究者の教養は僕たちの世代とはとうてい比較にならない。世界文学にも通暁していた。この本で「イタリアの詩人ペトラルカ」（一二九頁）が出て来たときには、慌てて世界文学事典の類を引いたものだ。

成城大学文芸学部は、池田勉（中古文学）、栗山理一（近世文学）、坂本浩（近代文学）、高田瑞穂（近代文学）という、僕たちが「四人組」と呼んでいた国文学者が中心になって創設された。大学四年生の時にその一人、俳諧研究者・栗山理一先生の「国文学総論」という講義を必修科目として受講した。研究が細分化したいまでは、こういう名称の講義がきちんとできる日本文学研究者はまずいない。しかも、その第一回は「チグリス、ユーフラテスは――」とはじまったのだった。世界四大文明から説き起こす構えだったのでドギモを抜かれたし、これではいったいいつになったら日本文学の話になるのかと不安になったものだ。

改めて確認すれば、この本は『現代文読解の根底』という受験生への教養書として書かれたものだ。しかし、いまでは「現代文学読解の根底」に読めてしまう。それはレベルが高すぎるからだが、もう一つ、「現代文」の「読解」の「根底」には日本近代文学を学ぶことが第一だと考えていた、高田先生の信念がある。この本と対になる受験参考書『新釈 現代文』（ちくま学芸文庫）を読めば（この本が受験参考書としては賞味期限が切れていることはしかたがない）、どちらの本も日本の近代について考えるための「思想書」であることがはっきりしてくるからである。

『現代文読解の根底』のテーマの中心は、近代的自我を確立することが現代人にとってもいまだ達成できていない目標だということを自覚すべきだという主張にある。高田瑞穂によれば、近代的自我とは「真・善・美」を内面化した「自我」ということになるが、それが「近代的」と言えるためには、「宗教的絶対権威の否定」と「自然の科学的認識」と「人間の自由と平等」という三つの前提が必要だと説く（一二七頁）。

これが、近代的自我を日本近代文学のメルクマールとした時代の可能性でもあり、限界でもあった。だから、この「解説」もこの点に集中しよう。

いま日本近代文学研究は、近代的自我を中心に据える人間観はもう古いと否定的に捉えて、「他者」をメルクマールとしていると言っていい。近代的自我という固い自我では現代という大衆消費社会やネット社会にはもう対応できないから、複数の自分を自由に演じ分けられる柔らかい自我が求められているわけだ。近代的自我は強固すぎて、現代思想が次々に「発見」してきた「他者」に対応できないと捉えられているのである。

たとえば現代思想は、子供という「他者」、女性という「他者」、読者という「他者」、国家という「他者」、アジアという「他者」を次々に「発見」してきた。高田瑞穂の近代的自我観にこれらが組み込まれていないことは否定すべくもない。これは近代的自我の限界に見える。高田瑞穂の文学観は、たとえば夏目漱石の「現代日本の開化」を参照して西洋へ追随する日本を批判的に語り、モダニズムの色彩の濃い詩から出発しながら「日本への回帰」を唱えるに至った萩原朔太郎を参照してこれを近代作家の「宿命」と語っているところに明確に現れている。いまこれらの論調を読めば、

「他者」から逃避する地点にしか近代的自我は得られないとさえ読めてしまうかもしれない。

しかし、高田瑞穂が近代的自我を語るのに、まさに西洋哲学と西洋の歴史を参照していることは紛れもない事実である。極論すれば、近代以降、文学の理論は常に西洋からやってきた。日本独自の文学理論が生み出されたことはただの一度もない。「西洋の理論に近代文学を当てはめているだけだ」と批判する研究者も、自前の理論など持ち合わせていない。彼らが依っている批判の地点も、結局は古い西洋思想にすぎない。悲しいことに、彼らにはその自覚がないだけだ。

だから、高田瑞穂の言う近代作家の「宿命」を読み違えてはいけない。高田は、結局「日本への回帰」をするのが近代作家の「宿命」だと言っているのではない。西洋と日本に引き裂かれざるを得ないことを近代作家の「宿命」だと言っているのだ。漱石も「現代日本の開化」において、西洋文明の摂取を止めよと言っているのではない。「神経衰弱」になってもやらざるを得ない悲惨を指摘しただけだ。それに処方箋はないと言うのだから。そもそも高田瑞穂の夢みる近代的自我は、西洋という「他者」との対話の結果得られた自我観なのである。高田瑞穂はその同世代の近代文学研究者の中で、まちがいなく最もブリリアントなモダニストだった。

最近ある論文を読んでいたら（石川巧「戦前における〈近代文学〉の教科書」『日本文学』二〇一四・一）、大正末から昭和のはじめにかけて東京帝国大学文学部国文学科において「近代文学研究を志す一群が現れる」と、その名前を列挙していた。卒業年次と共にここに引いておこう。湯地孝（大正一四年）、片岡良一（同）、塩田良平（大正一五年）、成瀬正勝（昭和四年）、福田清人（同）、坂本浩（昭和七年）、本多秋五（同）、吉田精一（同）、高田瑞穂（昭和九年）である。懐かしい名前ばかりだ。このなかに坂本浩の名前も高田瑞穂の名前もある。これら研究者の「一群」が、近代文学研究の基礎を作った。そして、僕たちの世代の遠い壁として立ちはだかっていた。

高田瑞穂の言う近代的自我が果たした役割も、こういう時代背景の中で理解しなければならない。それはたとえば、「志賀直哉『暗夜行路』は、末尾にいたって時任謙作が近代的自我を手に入れたからすぐれた小説である」というように、小説の評価基準として機能してきた。「昭和」と呼ばれた時代までは、それでなんとか「論文」として通用していたようなところがあった。なぜ、そうあり得たのだろうか。時代の刻印を読んでおこう。

それは、高田瑞穂が挙げる近代的自我成立の三つの前提によく現れている。

第一は「宗教的絶対権威の否定」である。西洋近代はキリスト教のローマ教会が支配するカトリックからの独立によってはじまる。すなわち、一六世紀から一七世紀に至るルターによる宗教革命とプロテスタントの確立である。プロテスタントは自己のうちに神があると考えるから、教会の絶対的権威に従わなくていい。たとえば、アメリカの大統領はなぜ長い間WASP（ホワイト・アングロサクソン・プロテスタント）でなければならなかったかというと、カトリック信者だと、危機が訪れたときアメリカに忠誠を尽くすのかローマ教会に忠誠を尽くすのかがわからないからだと言われている。その慣習をはじめて破ったのがカトリック信者だったケネディ大統領だったのである。

ミシェル・フーコーは、「近代は、宗教ではなく政治思想が国家の成立原理となった時代だ」という趣旨のことを言ったが、「宗教的絶対権威の否定」はこれにあたる。たとえば絵画の近代も、宗教からの独立がメルクマールとなっていた。一九世紀に近代写実主義を確立したクールベは、パトロンだった貴族の権威を高めるために歴史画や宗教画しか書けなかった時代に、「眼に見えるものしか描かない」と宣言した。近年話題になった一七世紀の画家フェルメールも同じようにして評価されたのだった。

高田瑞穂は近代のはじまりをルネッサンスからと捉えているが、これはいまでは常識となっている。特に一六世紀が大きな転換期だったことは、たとえば山本義隆『一六世紀文化革命』(全二巻、みすず書房)が綿密に考証している。この点で、高田瑞穂の西洋史の認識は実に正確だった。もっともソビエトの崩壊以降、宗教と民族が国家の成立原理として再浮上している現実を見ると、いまではフーコーの言説も歴史的なものとなった観があるが、近代は宗教からの離脱が鍵を握っていたことは疑いようのない事実である。

第二は、「自然の科学的認識」である。一五世紀に天動説に対して地動説を唱えたコペルニクス的転回が科学史に果たした役割とニュートンの万有引力の発見が科学史に果たした役割はパラダイムチェンジと言っていい。特に後者については、山本義隆『磁力と重力の発見』(全三巻、みすず書房)に詳しい。高田瑞穂は、日本では「自然の科学的認識」が鎖国による遅れによって「根のない真似」(一三二頁)になってしまったと言う。しかし、たとえば富国強兵の思想のもとに、世界に先駆ける形で東京帝国大学に工学部を設置したことなど、近代日本はそれらを「わき目もふらずとり入れた」(一三三頁)。まだ理学部はサイエンスだから大学の学問だが、工学部はテクノロジーだから大学の学問ではないという考え方が一般的だった時代にである。

いま理系の学問では、日本人が多くのノーベル賞を受賞する時代になった。「自然の科学的認識」を通り越して、科学が自然とどう折り合いをつけるかが問題とさえなっている。しかしそれ以前に、近代日本が必死に「自然の科学的認識」を自分のものとしようとした時代があったのである。そして、その成果がなければ近代日本はまったく違った姿になっていただろう。

第三は、「人間の自由と平等」である。近代市民社会成立の起源とも言われるフランス革命が、「自由・平等・博愛」を理念としたことはよく知られている。高田瑞穂は、日本近代文学を論じてよく「旧習打破」という言葉を使った。自然主義文学なら、「家」の思想に対するレジスタンスに近代文学としての意義があったということだ。これは封建的な「家」という思想が、個人の「自由」と「平等」の桎梏になるからだ。だから「人間の自由と平等」は「近代的自我にとって不可欠の前提」(一三四頁)だと言うのである。

いまでは、フランス革命の「自由・平等・博愛」には女性は含まれていなかったと、フェミニズム批評は批判する。高田瑞穂の言う近代的自我にその気味あいがあることは否定しがたい。それが時代の制約なのである。しかしそれでも強調しておきたいのは、近代的自我についてこれだけの前提をきちんと思考して説明した研究者は、高田瑞穂以外にほとんどいなかったことだ。そのためだろうか、先の『暗夜行路』論の例のように、近代的自我が論文を量産するためのマジックワードとなったことは否めない。

ただしこういう現象はどの時代にもあって、「読者」がマジックワードになった時代もあったし、「語り手」がマジックワードになった時代もあったし、「他者としての女性」がマジックワードになった時代もあったし、「国民国家」がマジックワードになった時代もあった。だからこそ、近代的自我をマジックワードにしないために一冊の書物を受験生のために書いた高田瑞穂の誠実さが際立つのだ。

これら三つの前提の上に成立した近代的自我は、日本近代が生み出した自我の形であり、同時に、日本近代を推し進めていく中核的心性ともなった。近代はそれ以前とは違った時代であり、近代的自我はその写し絵だった。近代的自我はまず旧時代と闘うために求められたが、それだけではなかった。近代は共同体が少しずつ消滅し、個人がむき出しのまま国家と対峙しなければならない、社会学者マンハイムの言う「甲羅のない蟹」のような状態が現れた。この弱い立場に置かれた個人には、強固な核を中心に持つ近代的自我が必要だったのである。

こうした近代的自我を評価軸にすることによって、近代文学研究は古典文学研究から自立できたのである。近代的自我は近代文学研究のパイオニアたちの中核にあった。これが、近代的自我が時代の中で果たした役割だった。近代的自我がハードな感触を持つのはこういう理由によっている。それは時代の要請だったのである。

いま、近代文学研究を行い、また志す者で、このパイオニアたちの恩恵を受けていない者はいない。

この本の中心的なテーマについて語り終えたので、現在の研究水準と絡めながら何点かについて言葉を費やしておきたい。

第一類（第一章—第三章）は、「国語学習の意義を正しく理解すること」である。高田瑞穂はここで、「今日の日本語を、より正しくより美しい体系に作り上げなくてはならない」（一四頁）と述べている。第一章には漢字の誤りについて滑稽な例が引かれているが、高田瑞穂は漢字をまちがえた学生を、「君は、自己凝視がたりないぞ」とよく叱ったものだった。近代的自我にはまるで正しい漢字の目録まで揃っているかのように思われて、学生時代にも違和感を覚えたものだった。正しい漢字が「自然」と感じられるほど、この世代の研究者の教養の質は高かったのだ。

また高田瑞穂は、こういうエピソードを繰り返し話した。志賀直哉について書いた文章が当の志賀直哉の目に入り、編集者を介して家に来るように言われた。そこで志賀直哉宅に行ってみると、はじめは奥さんだけが対応したのだと言う。そして一五分ほど経ったところで、隣の座敷から志賀直哉が出て来て「君の日本語は大変よろしい」と言って、それ以来、月に一度は訪ねてくるようにと「命令」されたそうだ。高田瑞穂は志賀直哉の「口頭試問」に合格したわけだ。

イ・ヨンスク『「国語」という思想』(岩波書店)は、「美しく完全な言語+日本語=国語」という図式を前提として作られた「国語」という言葉のナショナリスティックな危うさを指摘している。この『「国語」という思想』を持ってしまった僕たちには、高田瑞穂がこのあたりで言っていることはやや危なっかしく見えるが、高田瑞穂においては言葉こそが近代的自我の現れだったことは確認しておきたい。

当時は文学について「読解・鑑賞・批評」と三段階あるとよく言われたが、第三章ではいかにして「客観的」な「批評」に到達すべきかを説いている。いま人文系の研究では「客観的」ということはあり得ないと、ふつう考える。人は自分では自覚していなくても、必ずどこかの地点からものを見て認識しているのであって、「客観的」な地点は世界の外にしかあり得ない。しかし、神の身ならぬ私たち人間は世界内にしか存在できないから、「客観的」に装う仕掛けがあるだけだということになる。

そういう現在から見るとやや素朴にも思えるが、「批評に客観性を与える唯一の道は（中略）不断の自己批判である」（五六頁）とか、「要するに批評とは、まず内面的配置の問題である。したがって、内に一定の秩序を持たないものには、批評はできない」（五六―五七頁）といった言葉を読むと、高田瑞穂のいう「客観的」とか「客観性」は、現在の理解の水準と実質的には変わらないことがわかる。

第二類（第四章―第六章）は「ことばの美しさへの開眼」である。第四章「ことばの美しさ」は、率直に言ってうまく説明できていない。その自覚はあったようで、最後に「引用だらけの一文となったが」（七五頁）とちょっと恥ずかしげである。現在の研究では、言葉に「美しさ」という本質はないから、どの時代のどの地域でどの言葉が「美しい」とされたのかを明らかにすることだけしかできないと考える。「美しい」ことを根拠を示して証明することなど、できようはずもないからである。

第三類（第七章―第九章）は、「日本近代の特殊性の認識」である。文学史の整理としてもみごとだが、いま近代文学を語って、近代国家の成り立ちから授業ができる大学教員がどれだけいるだろうか。しかし本来そうあるべきで、近代文学は無前提に「近代文学」であるわけではない。一般教養的な講義だけでなく、専門の日本文学科や国文学科でこそ是非行うべき講義である。そういう構えの授業を聴くことができたことを、いまにして幸いに思う。

第四類（第十章―第十二章）は、「日本近代文学の展開とその生命」である。興味深いのは、第十章で「日本の近代文学が近代文学としての自己を確立したのは、自然主義文学においてであった」（二五九頁）という見解が示されていることである。

小説内の世界があまりにも狭い「私《わたくし》小説」（この言葉は大正期に成立した）の方向へ近代文学をねじ曲げた元凶として、田山花袋『蒲団』に代表される自然主義文学をほぼ全否定した中村光夫の『風俗小説論』以来、自然主義文学は近代文学の片隅に追いやられていた。それが近年になってようやく再評価されはじめ、「近代文学は自然主義文学からはじまった」という説を唱える人が多くなってきた。高田瑞穂が尊敬して止まない夏目漱石は「反自然主義の作家」として括られるのが一般的である。その高田瑞穂にして、この時代にこうした見解を示すことができる見識には、改めて感服せざるを得なかった。

最後に確認しておこう。高田瑞穂先生は、この本を受験生向けに書いたのだった。それは、文学こそがすべての「現代文」の根底にあるという信念からだったろう。そして、先生はただ「近代文学」と書かずに、多くの場合「日本近代文学」と書いている。それは、日本近代文学を常に世界文学との関係で思考していた証だと思う。こうした構えで文学を語ることができる研究者がいまどれだけいるだろうか。それをある世代の幸福にだけ還元することはできないとも思う。

ちくま学芸文庫

現代文読解《げんだいぶんどっかい》の根底《こんてい》

二〇一四年三月　十　日　第一刷発行
二〇二三年四月二十日　第二刷発行

著　者　高田瑞穂（たかだ・みずほ）
発行者　喜入冬子
発行所　株式会社　筑摩書房
東京都台東区蔵前二―五―三　〒一一一―八七五五
電話番号　〇三―五六八七―二六〇一（代表）
装幀者　安野光雅
印刷所　中央精版印刷株式会社
製本所　中央精版印刷株式会社

ISBN978-4-480-09604-3 C0195